発達障害の子の
子育て相談

3

学校と家庭で
育てる
生活スキル

伊藤久美 著

本の種出版
bookseeds

はじめに

――発達障害の子どもと保護者のために、そして教師のために――

この本は、発達障害の子どもの保護者のためにつくりました。保護者との約束なのです。

ある保護者が、自分の子どもが卒業するときに、次のような話をしました。

「私達は、ほかの子と違う子育てに、ずっとトンネルの中にいるような思いをしてきました。誰に相談していいのか、何をしてあげればいいのかわからなかった。でも小学生になり通級指導学級に入って、自分の子どもがどういう子か少しわかって、相談する相手もできて、本当に気持ちが楽になったのです。先生、保護者のための本を書いてください。これまで私に話してくれたことをほかの保護者のために」と。

いつも元気で、肝っ玉母さんのような方が、そんな思いで過ごしていたのかととても驚きました。そして、いつか、これまでしてきた連絡帳でのやりとりや面談をはじめ、通級の送迎の際の立ち話など、さまざまな形で行ってきた相談内容をまとめようと心に決めたのです。今回、その約束がここに実りました。

発達障害の子どもをもつ保護者に向けた本は、たくさん書店に並んでいます。

でも、この本は通級指導学級担任という、保護者と在籍学級担任と医師と、学童の先生とも連携がとれる立場の者が書いたという点で、一味違うものになっていると思います。

「先生、ちょっと相談していいですか?」と保護者が困った顔で声をかけてきたときに、一緒になって「それは困ったね‼」と眉間にしわを寄せながら、なんとかいい方法はないものかと考えました。いつも、前のめりで「こうしてみたらどうかな」「こういうのはどう?」と考えた方策です。
相談の内容によっては、在籍学級担任に対して保護者の気持ちを代弁したり、あるときは医師に学校の状況を説明して服薬の判断材料を提供したり、あるときは、学童に出向いていって先生方に子どもの特性と環境の構造化をお願いしたりしました。方策がうまくいくように調整に努めました。

保護者と一緒に考えた方法は、いい方法のように思えても、やってみたらうまくいかないこともあります。ほかの子には効果があったけれどこの子にはまったく効果なし、ということもあります。でも、「まず、やってみましょう。だめならまた考えましょう」を合い言葉にしました。いろいろやってみるうちに、その子、そしてその保護者に合う方法がなんとなくわかってくるのです。この本に載っている方策は、当然、どの子にも向くというものではないでしょう。お子さんや周囲の状況を考えアレンジする必要があるのかもしれません。でもきっとヒントになると思います。なぜなら、少なくとも、この方法でうまくいった子もいるのですから。

さて、この本は、保護者のためにつくったものだと冒頭に書きました。でも、特別支援教育に携わる教師にも読んでもらいたい内容となっています。保護者がどういうことに困り、悩み、助けを求めているのかがわかります。自分だったらどうアドバイスするか、ぜひ一緒に考えながら読んでください。

2016年7月

伊藤久美

発達障害の子の子育て相談③
学校と家庭で育てる生活スキル

もくじ

先生、相談です。学校生活編

先生、相談です。家庭生活編

学校生活編

先生、相談です。

先生、相談です。

学校生活編

小1 男子

自閉症スペクトラム

通常の学級に在籍

1 登校時、迎えに来てくれる友達と一緒に歩けません

毎朝、友達が迎えに来てくれますが、うちの子は、ゆっくり歩いたり急に走ったりして一緒に歩けないので、友達に迷惑をかけているようです。心配なので学校まで送って行ったほうがいいのでしょうか。せっかく友達が迎えに来てくれるのだから、親が出ないほうがいいのでしょうか。

ほかの人と合わせるのは苦手

友達と一緒にペースを合わせて歩いたり、一緒に会話しながら歩いたりするのが苦手のようですね。自閉症スペクトラムの子どもは、マイペースなので友達と合わせて歩くのが苦手だし、特定のものに反応するため行動が突飛になることもあるでしょう。興味関心が偏っているので、友達の話の内容に関心をもつことも足りないかもしれません。自分の言いたいことを一方的に言って会話がスムーズになりたたないこともあるでしょう。

「早く歩いて」「遅いよ」「待って！　先に行っちゃダメ」と一生懸命注意をする

友達と、その注意から逃げようと思わず駆け出してしまう本人のようすが目に浮かびます。

何を優先させるのがいいか…

この登校時間にどんな力をつけたいか、何を優先させるかを考えてみましょう。1年生として、一人でまっすぐ学校まで行くことができるようにしたいのか、友達と一緒に歩くことができるようにさせたいのか。さてどちらでしょう。

もし、安全に、まっすぐ学校に行くことができるようにすることをめざすのなら、友達と一緒に連れ立って登校することは、もう少し先に延ばしたほうがいいと思います。

まずは一人で安全に登校できるように

お子さんは登校の道順は覚えましたか。危険なところをお子さんと一緒に確認し、その部分はどのように歩くといいか具体的に教えましょう（たとえば、「線の中を歩く」「信号が変わるまではここに立って待つ」「ここでは、荷物は右側に持つ」等）。そして、その練習のときに、途中でしゃがみこんだり、道端のものに気持ちを奪われたりしないで、まっすぐ目的地まで歩くことができたら合格であることを話してください。また、途中で友達に会ったときは、「おはよう」と声をかけること、で

も追いかけたりせずに一人で行くことがうまくいく方法であることも。

次は相手にペースを合わせる練習

一人登校を開始したら、離れて後ろからついて行くなどしてときどきお子さんの歩き方をチェックしましょう。平日が無理なときは、休日を利用して、学校まで散歩するつもりで出かけるのもいいかもしれません。

一人で一定のペースで歩くことができるようになったら、次は、お出かけしたときに、保護者から離れないで、ペースを合わせて歩くことができるように練習しておきます。この練習が、お友達と一緒に登校するときに役に立ちます。

友達との登校を優先させるなら大人が調整を

はじめからお友達と一緒に登校させたいと考えるのなら、しばらくは、大人が一緒に付き添うことも必要でしょう。学年が上の児童でも、お子さんの行動を上手にコントロールすることは難しいからです。結局、過剰な注意や不適切な対応によって間違った行動を学習することになりかねないので、大人が間に入って、調整します。この場合、「みんなと一緒だよ」「○ちゃんの隣を歩くよ」などのような具体的な声かけによって、一緒に登校する子どもたちの動きを意識するようにさせます。

あわてず、ゆっくり

しかし、このように大人があいだに入って調整しても、なかなか一緒に行動することが難しいと感じた場合は、一人登校に変更することも必要かと思います。

登下校は、危険を伴う場面です。友達関係をつくるのはこの場面だけではありません。あわてず、ゆっくり進めていくようにしましょう。

先生、相談です。

学校生活編

小1　男子

ADHD

通常の学級に在籍

2 初めての保護者会で、障害のことをどこまで話せばいいでしょう

いろいろ心配を抱えたまま、入学しました。幼稚園のときは、思いどおりにならないとすぐにほかの子をたたくので、ずいぶん頭を下げてきました。学校でもきっと、いろいろあると思います。他の保護者には、自分の子どものことを話しておいたほうがいいでしょうか。保護者会で、どこまで話せばいいでしょう。

自己紹介の機会をとらえて

多動で、衝動性が高く、不注意があるＡＤＨＤのお子さんは、無駄な動きも多く、人のいるところに突進したり、ほかの子を出し抜こうとして何でも競争したり、状況を読み間違ってほかの子に文句をつけたり、ほかの子のけんかの仲裁に入って逆にことを大きくしたりします。さて、お子さんはどんな感じでしょう。

年度はじめの保護者会は、学年全体の会のあとに、各教室に戻って学級ごとの保護者会をします。担任の先生の話のほかに保護者に自己紹介をしてもらいます。その中で自分の子どものことを話す人もいます。

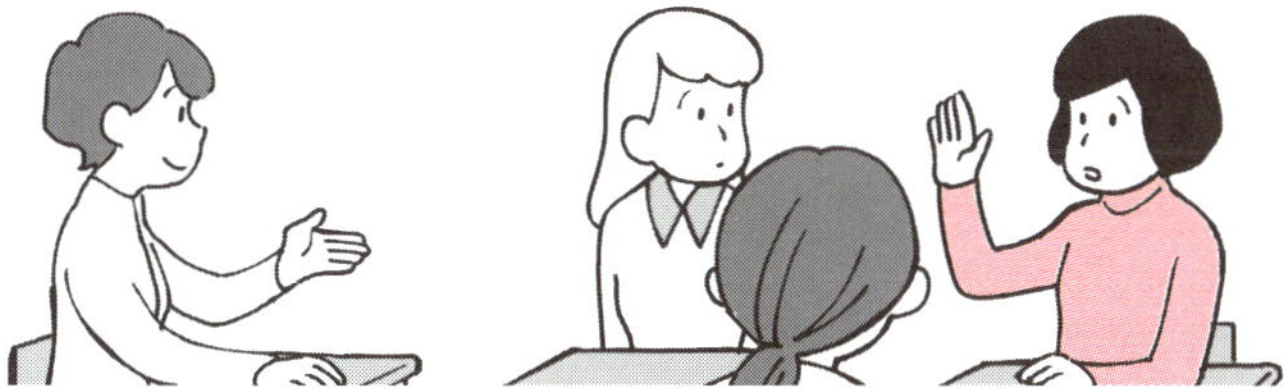

前もって担任に伝えておく

子どものことを話そうとするなら、前もって担任の先生に保護者会で自分の子どものことを話したいという主旨を伝えておくといいでしょう。

時間がなくて自己紹介が割愛されることになっても、子どものことを話す時間を確保してくれるからです。また、どんなことを話すか、あるいは話さないかも伝えておきましょう。そうすることで、先生がうっかり話しすぎた、伝えすぎたということがなくなります。

障害名を伝えるより…

伝える内容は、障害名を伝える必要はないと考えます。

発達障害という言葉や自閉症スペクトラム、ＡＤＨＤ、ＬＤなどの障害名は、ずいぶん知られるようになりましたが、それでもまだ、どういう障害なのか正しく知っている人は保護者のなかには少ないものです。発達障害とはどういうことか、自閉症スペクトラムやＡＤＨＤ、ＬＤがどういう障害なのか、短い時間で正しく理解してもらうことは難しいでしょう。

子どもの特性を話す

なので、自分の子どもの特性を話しましょう。「〇〇するつもりはないのに〇〇

してしまう」「あとから考えると、本当はどうすればいいのかわかるのに、自分で気づくことが苦手」「大きな声での注意は苦手なので、名前を読んでから静かに伝えると、話を聞くことができる」など、具体的な事柄は、実際の学校生活で有効な内容となるでしょう。

理解と手助けが必要だと伝える

すでに何か特別な支援を受けているなら、「親子で努力している最中です」と話して、一定の理解を求めます。そして、「何か不適切なことをしたら、すぐに知らせてほしい」「わかっているようでもわからないことも多いので、周囲の人の理解と手助けが必要である」ことを伝えましょう。

コラム

おたがいさま…

「子どもは迷惑をかけながら育つもの。おたがいさま」と自分の子どもだけでなく、ほかの子どももよく叱り、よくほめる保護者がいました。わが子をたたいた子どもには、「○ちゃん。Aちゃんは、おばちゃんの大切な子どもなの。たたかないで、ちゃんと言葉で言って」と叱ってくれました。「大丈夫。きっとわけがあるのでしょう」と理解ある態度を示されるより、ずっと気持ちが楽だったと相手の保護者は喜んでいました。

迷惑をかけない子どもはいません。でも迷惑をかけないようにと思うあまり孤立する保護者もいます。保護者を支えるのは、やはり保護者であってほしい、そう思います。

先生、相談です。

学校生活編

小2　男子

自閉症スペクトラム

通常の学級に在籍

3 隣の子から注意されてばかりで、学校がいやだと言います

うちの子はマイペースで、集団行動は遅れがちです。授業中もぼんやりしているので、隣の女の子が何かと世話を焼いてくれています。でも、注意されることばかりで、子どもは、学校がいやだ、行きたくないと言っています。相手のお子さんにも、申し訳ないなと思っています。どうしたらいいのでしょうか。

「助ける」が「注意する」になっている？

お隣の席の児童は、お子さんの状況を考えて、担任の先生があえて隣の席にした「しっかり者」かもしれませんね。先生はきっと「困っていたら、助けてあげてね」とお願いしたのではないでしょうか。そうでなくても、しっかり者のお子さんは、面倒を見たくなるものです。

ところが、低学年の子どもにとって「助ける」と「注意をする」の区別はまだ難しい状態にあります。相手のようすを見ながら判断することは難しいので、本人は助けるつもりなのだけれど、手を出しすぎたり、「教科書出して」「〇〇するよ」と

口を出しすぎたりしてしまいます。

本当は「助ける」「助けられる」は難しいこと

一方、発達障害のある児童は、相手の行動の意味を理解したり、自分に期待されていることを状況から察したりすることが大変苦手です。自分が見ていた本を「何やってるの！　算数の本を出すんだよ！」と取り上げられれば、なんだかいじわるされたように感じてしまうでしょう。大人は、気軽に「助けてあげましょう」と言いますが、実はお互いにとって大変難しいことを要求されていることになるのです。

お隣はモデルになるタイプのほうが

マイペースの児童が隣の児童とうまくいっているケースを見ると、あまり世話焼きではない、自分のことをきちんと（あるいは、そこそこ）できる児童がお隣さんのときのようです。発達障害の児童は予告なしに、自分の行動を止められたり、禁止されたりすることが基本的に苦手です。だから、いろいろ注意する子は苦手なのです。また、たくさんの中から正しいモデルを見つけることも苦手ですが、近くに自分がやるべきお手本（モデル）があると、そのとおりにやろうとすることができます。

お隣さんが行動のモデルになるようなタイプの児童だと、次の行動に移らなければ

ばと気づいたときに、近くにモデルがあるので混乱することがありません。

注意や指導は先生にお願いする

ここまで考えると、お子さんに対して注意をしたり、行動を促したりするのは先生にお願いし、お隣さんは、お子さんの言動につられないで、先生の指示に従って行動できる子どもが適任ということになります。

お子さんが、登校を渋るような事態になるということは、お隣さんにとっても決して好ましい状態ではありません。担任の先生にお願いをして、お互い安心して過ごせるように改善してもらうことが必要です。

先生に理解してもらえる言い方で

「うちの子は、どうやら注意を受けることに負担を感じているようです。お隣のお子さんには、よくしてもらっているけれど、うちの子は、大人に注意してもらったほうがその意味をよく理解できるようです。できれば、先生のすぐそばの席にしていただき、お隣には、うちの子のことがあまり気にならないお子さんにしていただけないでしょうか」などの言い方なら、きっと先生も保護者の希望を理解するでしょう。

コラム

周囲の子どもにも育てたい力

発達障害の子どもが崩れると騒ぎ立てたり、不適切な言動をあおったり、調子に乗って一緒に悪さをしたりする子がいます。高学年では、発達障害の子の理解を進めようとすると「僕たちにばかり我慢させる」「○君ばかりかばう」と担任批判を始めることもあります。こういう状況から、学級崩壊に至ることも。批判や排除などの方法では問題は解決しません。

他者の失敗や間違いに対して寛容な態度、公平な判断や評価をしようとする態度が、子どもたちに育つよう、担任・保護者をはじめとする大人が、日頃からそのモデルを見せることが必要だと思うのです。

先生、相談です。

学校生活編

小2 男子

自閉症スペクトラム

通常の学級に在籍

4 自分の声も大きいのに、ほかの子のおしゃべりを注意します

うちの子は、自分は大きい声でしゃべるのに、近くの子がしゃべっていると、「うるさい！」「静かにして」と注意をするのです。「○君だって、しゃべっていたじゃないか！」と逆に言われているようです。いつも先生に注意されてばかりの子なので、誰も言うことを聞いてくれないようです。

音に対する過敏があるのかも…

人の声がうるさく聞こえてしまうようですが、音に対する過敏さはありませんか。自分で出す音声はどんなに大きくても平気なのに、他者が出す音声に対してひどく過敏になる子がいます。音楽の時間などは、特に苦手で、イライラしたり教室にいられなくなったりします。そのため、自分勝手な子だと思われることもあります。

小さい頃のことを振り返ってみてもらうと、赤ちゃんの泣く声がいやで、聞こえてくると近くまで行ってたたいたり、その場から動けなくなったりしていたとか、バスがストップするときに出る音がいやで耳をふさいでいたとか、そうした音に関

するエピソードをよく聞きます。

ルールへのこだわりで注意したくなる？

そうした音に関する過敏がなくても、「この場面ではこうするもの（こうふるまうもの）」と決めつけ、状況に関係なくルールを相手に要求してしまう子もいます。こだわりがある子によく見られる行動です。自分のことは客観的に見えないけれど、ほかの子のことはよく見えるので、注意したくなります。

状況や相手を考えず注意してしまう

いずれの場合にしても、自閉症スペクトラムの子どもは、自分と相手の関係（たとえば力関係や親しさなど）を見極めたり、その場の雰囲気や状況を読んだりすることは大変苦手なので、状況や相手を考えずに注意してしまい、逆襲を受けたり顰《ひん》蹙《しゅく》を買ったりすることがよくあります。

「注意は先生がする」というルールにしてもらう

こうしたトラブルを避けるためには、「注意は先生がする」というルールが特効薬です。しかし、おそらく、担任の先生は、子どもたちの道徳心や規範性を育てるために「お友達に注意してあげてね」とか、「お互いに注意し合いましょう」など、

と話しているでしょう。でも、本当は、注意は簡単なようで、とても難しいかかわりなのです。注意される子の課題や状況を考えて、相手に伝わるように言葉を選んでする必要があるからです。特に発達障害の子にとって、注意をすることも注意を受け入れることも指導の内容の一つになります。低学年の児童には特に難しいかかわりになります。

この「注意は先生がする」というルールを学級全体のルールにすることができるのなら、そうしてもらいましょう。

本人が集中できる方法をアドバイス

お子さんが、どのくらい理解できるかわかりませんが、「注意は先生がします」と話をしてみてください。「だって、みんなうるさいんだよ」と言うようでしたら、「あなたが注意をして、△君は静かになる?」と確認してみたらどうでしょう。おそらくうまくいっていないでしょう。

「△君には、先生から注意してもらおう」と話し、さらに「あなたは、みんながうるさいなと思ったら、先生のほうを見なさい。先生をじっと見て集中すると、先生の話がよく聞こえたり、みんなの声が気にならなくなったりするよ」とアドバイスします。

耳栓を試す

音に対する過敏があって、どうしてもほかの子の声が我慢できない場合もあります。めがねをかけるのと同じように、耳栓をするという方法があります。耳栓をしても、先生の声が聞こえるくらいの緩いものでいいでしょう。それでは意味がない、と思われるでしょうが、子どもの思い込みの強さをうまく利用します。集中するためのアイテムとしてお守りのようにして使うのです。

耳につけたりはずしたりするうちに、ほかの子への注意集中がそれてきます。さらに、それをつけること自体がだんだん面倒になってくるものです。そうして、ほかの子に注意をしない自分や、耳栓をしなくても我慢できる自分に気づいていきます。

ただし、耳栓が遊び道具になってしまった場合は、この方法は合っていなかったということで、やめにしたほうがいいでしょう。

先生、相談です。

学校生活編

小2　男子

未診断

通常の学級に在籍

5 教室での席はこれでいいのか、心配です

落ち着きがなく、身のまわりの整理整頓が苦手です。すぐ離席するし、床に物が散らかるので、みんなの迷惑にならないように、いちばん後ろにいます。しかも入り口のすぐ近くです。落ち着かなくなったらすぐに出て、カームダウンができるようにと、先生は言っていました。その席で本当にいいのか、ちょっと心配です。

離席の理由は何?

離席や教室からの飛び出しがあるようですね。離席や教室からの飛び出しなど、マイナスの行動は、繰り返すことで定着してしまいます。できれば、離席しない、理由がなければ勝手に教室から出ないということを指導してもらいたいのです。

どういうときに離席するかわかりますか。考えられるのは、

①ほかの子の言動に反応して近づいていく
②無目的に立ち上がる
③勉強がわからずつまらない

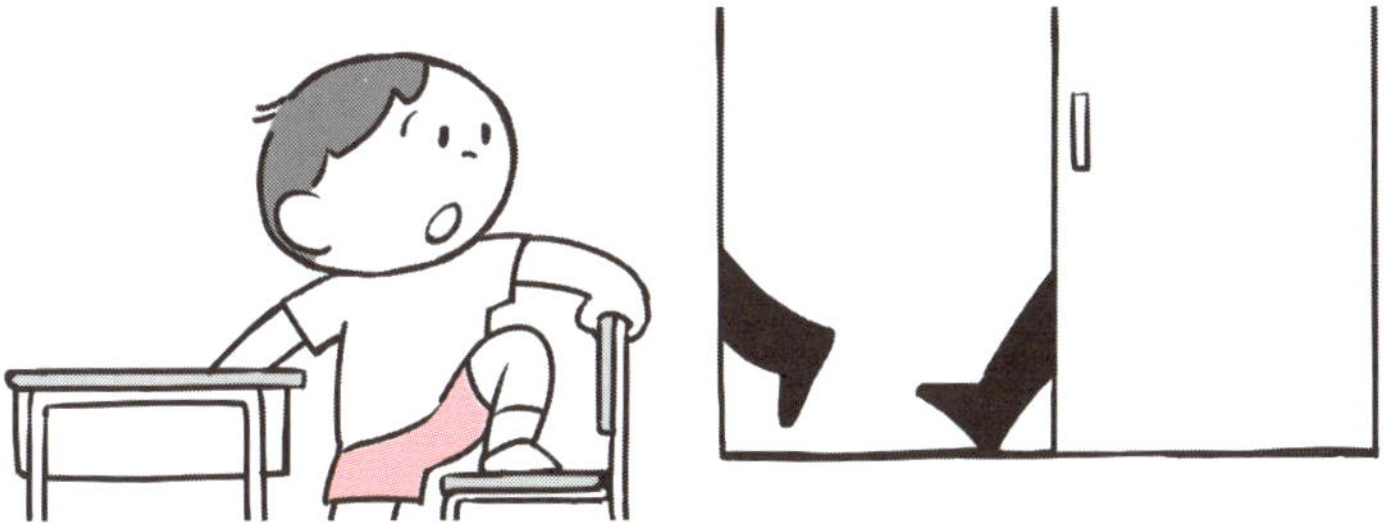

④気になるものがあって、そちらのほうに行く

③が原因のときは、個別の配慮が必要でしょう。④の場合は、気になるものを片づける必要があるでしょう。いずれにしても、立ち上がりそうなときに、肩に手を置いて離席を阻止するか、「座って」と声をかけます。立ち上がってうろうろし始めてから注意しても効果はありません。かえって、注目を浴びた、先生が声をかけてくれたとプラスに感じるかもしれないからです。

また、教室から出ていくのはどんなときでしょうか。

①勉強がいやになった

②気に入らないことがあった

③教室の外に気になるものがあった

やはり、①のときは個別配慮が必要です。どのくらい理解できているのか、きちんと確認する必要があるでしょう。②は、問題解決の方法として間違っています。③は、もってのほかです。いずれの場合も、勝手に教室を出ていくのはよくありません。

「カームダウン」の意味を確認

カームダウンは、気持ちを落ち着けることです。教室を勝手に飛び出して好きなことをすることではありません。どこで、どのようにして過ごし、どういう状態に

なったら戻ってくるのか、本人ときちんとルール化しておく必要があります。そうでなければ、教室からの飛び出しは一向に減らないでしょう。

この点、担任の先生に確認をお願いしましょう。

個別の対応ができる席にしてもらおう

さて、そうすると、座席はどういうところがいいかというと、立とうとしたときにすぐに先生が制止できる場所、先生が個別の対応ができる場所、すなわち前の列ということになります。いちばん後ろの列は、先生の声が届かないばかりでなく、対応が遅れます。声かけだけでは、行動を修正できません。

また、前列でも窓際や廊下側の入り口は、気が散りやすい子には向いていません。窓の外のようすや声が刺激になって、集中できないからです。廊下側も同様です。特に廊下側はすぐに出ていきたくなってしまう場所です。

特別席には配慮が必要

みんなに迷惑がかからないようにと、前列よりさらに前の一人席にすることもあるようですが、みんなのようすが気になり、ずっと後ろを向いている子もいました。こうした特別席は、本人に対する周囲の評価も下がり、十分な配慮が必要です。

散らかすスペースを制限できる席に

机のまわりが散らかるようですね。きっと机の上にもいろいろなものが載っていることでしょう。以前、同じようなタイプの子を比較的スペースのある端の席から、前列の真ん中にしたところ、床に散らかすスペースがなくなり、そのつど片づけさせやすくなったと、担任の先生からの報告を受けたことがありました。

席替えの提案は実際に見に行ってから

クラスには、いろいろな子がおり、前列に座らせたい子がたくさんいるという嘆きも担任の先生からよく聞きます。子ども同士の関係もあり、一概に座席の位置だけを考えるわけにはいきません。何回か席替えをし、先生が指導しやすい、本人にとって比較的刺激が少ない場所や「お隣さん」を見つけることが大事です。

以上のことを先生に伝えるのは、少し勇気がいりますね。まずは、子どものようすを実際に見に行って、見たままの感想と今の座席のうまくいかない点を率直に伝え、「前のほうに席替えしてもらうことは可能か」と切り出してみてはいかがでしょう。

先生、相談です。

学校生活編

小3　女子

自閉症スペクトラム

通常の学級に在籍

6 まわりの子と遊ぶことができず、いつも一人でいます

小さい頃から、まわりの子と一緒に遊ぶことができず、いつも一人でいます。3年生になってからは、本を読むか、校庭では一人で鉄棒をしているようです。声をかけられると一緒に遊ぶようですが、ついていけず、途中でそこから離れてしまうようです。みんなが遊ぶような遊びがなかなかできません。

特定のものに興味関心が偏る傾向

自閉症スペクトラムの子どもたちは、興味関心が広がらず、遊びもいつも同じだったり、飽きずに長いことやっていたりします。ほかの子があまり関心をもたないようなことに関心をもち、没頭したりすることもあります。ひたすら迷路を作ったり、電車の絵を遠近法で何台も描いたり、特定の事柄に興味をもって本を読み込んだりする子もいます。算数の問題を解くことを楽しんでいる子もいます。興味関心の対象は、学年が上がるにつれて変化してくることが多いようです。

一人で楽しんでもいいのでは

お子さんは、一人で鉄棒を楽しんでいるようですが、本人は一人で遊ぶことがつまらないのでしょうか。もしそうでなければ、どのように過ごしていてもよしとしましょう。人に迷惑をかけることでなければ、休み時間を、自分の好きなことをして過ごせることは大事です。

一人で鉄棒の練習も悪くはありません。鉄棒をしていれば、同じように鉄棒の練習を始める子もいます。上手にできるようになれば、声をかける子も出てくるでしょう。

同じ場所でほかと同じことをするということは、それはそれで大切なかかわりです。

集団にいられない理由を考えて

一人遊びも認めつつ、お子さんが集団で遊ばない理由も少し考えてみましょう。

ほかの子から誘われても、同じ遊び集団の中にいることができないようですが、遊びのルールがわからないのでしょうか、コミュニケーションがうまくとれず、会話についていけないのでしょうか。それとも、集団の中にいることが疲れるので、自然と離れてしまうのでしょうか。

遊びのルールがわからないのであれば…

遊びたいけど遊びのルールがわからないのなら、誘ってくれた子どもたちに、わかるようにゆっくりと説明してもらう必要があるでしょう。わからないときは「もう一度言って」と言っていいことを教えましょう。

担任の先生にあいだに入ってもらうのもいいかもしれません。先生の前で相手の子にルールを説明してもらい、先生にはその説明を子どもにわかるように言い換えたり簡潔にしたりしてもらいます。また「○○のときはどうするの？」と聞いたときは、何度でも教えてあげるように話してもらいます。

会話が苦手な場合、集団に疲れる場合は断ることを教える

また、コミュニケーションに課題があると、話はできても、「会話」ができない場合もあります。特に女の子の会話はテンポが速く、ついていくことは難しいかもしれません。そういうときは、一緒にいてもひとりぼっちになってしまいがちです。疲れてしまって離れたいときは、黙っていなくなるのではなく、「私、○○するね」とほかの子に声をかけて、返事をもらったら抜けることがマナーであることを教えましょう。遊びに誘われたとき一人でいたいなら、「ありがとう。今○○したいから」と上手に断る方法も教えておきたいものです。

子どものペースと気持ちを尊重

大人は、つい、子どもは友達と遊ぶもの、一人で遊ぶのはかわいそう、と思いがちですが、好きなことがある場合は、その子の過ごしたいようにさせてあげましょう。休み時間は、一人で自分のペースで過ごしたい子もいるのです。

一方、何をしたらいいのかわからず、「休み時間はつまらない」と感じている子、何もすることがなく無目的にうろうろしている子なら、休み時間の過ごし方を一緒に考えたり、遊びを教えたりする必要があるかもしれません。絵を描く、図書室で過ごす、校庭の草や虫など観察する、縄跳び、一輪車など一人で練習できるものに取り組むなどどうでしょう。

ほかの子が遊んでいる遊びに興味をもったときは、ちょうどいい機会です。ボール遊びなどほかの子と能力的に大きく差があるような場合は、自信がなくて参加できないこともあるので、少し家でも練習して、参加できるようにするという手もあります。いずれにしても、本人の気持ち次第です。

学校生活編

先生、相談です。

学校生活編

小4 男子

ADHD

通常の学級に在籍

7 特定の子といつもトラブルになります

クラスに、過剰に反応し合う子がいます。その子が何か言うと、「うるせ」「だまれ」と暴言を吐きます。相手も、うちの子がしていることに対してすぐに「いけないんだ!」「やめろ!」と強く批判します。近づくとお互いにパンチやキックのまねをし、そのうち本気のけんかになります。担任の先生も困っているようです。

ADHDの子が苦手なこと

声が大きくて、衝動性が高いADHDの子は、同じように声が大きくて元気のいい子が、実は苦手です。自分が話そうとしたときに相手が大きな声で話し始めたり、自分が指名されて、すぐに答えられず考えているときに、思わず答えを言われたりすることがたび重なると、イライラするようです。

注意ばかりする子も苦手です。穏やかに言ってくれれば受け入れられるけれど、自分だって守っていないのに、みんなの前で大きな声で注意してくる子は受け入れられません。今度あいつがやったら、絶対許さない、という気持ちになるようです。

話が長い子も苦手です。どんどん次のことをやりたいのに、なかなか先に進まないのはイライラするのです。すれ違いざまに、わざとぶつかったり、威嚇したりする対象にしてしまうようです。

トラブルが起こったときの学校の対応は

トラブルを起こす子は座席を離してもらうことが鉄則です。しかし、この方法は万能薬ではありません。クラスに何人も元気のいい子がいると座席の配置は難しいうえ、休み時間になれば結局、磁石のように引き合ってしまいます。

トラブルが起こったとき、学校の先生は、すぐに言動をストップさせてお互いの言い分を聞くでしょう。どうしてもめたのか、自分の言動の何によってそういうことになったのか、間違ったふるまいはどこか、今度どうするか、などの点を確認し合い、お互いに謝るべきところを謝って、決着をつけるでしょう。

ただ、ここまでの対応を毎回やるのは難しいかもしれません。授業を進める必要があったり、次の予定があったりして時間がとれないこともあるからです。そのときは、休み時間や放課後を利用するなどして、あとで聞き取りをするという方法になります。しかし、それも困難なときもあるでしょう。

家庭で引き継いでできること

このように、トラブルが起こって、学校だけではきちんと決着をつけることができなかった、あるいは子どもが納得していないといったときは、先生から電話をもらい、保護者が子どもの気持ちの整理と今後の方策の確認をするようにします。時間が経ってからでは子どもの記憶もあいまいになるし、蒸し返されるのを受け入れられない子もいるので、基本的には、学校のトラブルは学校で決着をつけてもらいますが、どうしても難しいときは、連携が必要です。

家庭で聞き取りをするときは、相手がいないので、わが子の言い分しか聞けません。相手には相手の言い分があること、ものごとは、見る角度によっていろいろに見えてくることなどを必ず念頭に置いて話を聞きましょう。子どもも保護者に叱られたくなくて、自分の悪い点は省略して話すかもしれないし、「急に蹴ってきた」「何も言わないのに、たたいた」と言うことも多いでしょう。「何もしないのに、相手がたたくわけがないでしょう‼」と叱りたくなりますが、クールに根気よく聞き取ることが大事です。

共感しながら、少しずつ時間をさかのぼる

まず、「どうして、そう言ったの（そうしたの）？」「その前はどうした？」のように促して順番に思い出させ、原因となった行動を気づかせます。たとえば「（相

手が）○○って言ったから、蹴った」と、自分の言動が何によって引き起こされたかまでたどったら、「○○と言われたら、頭にくるよね」と共感します。さらに「○○と言われたときに、あなたは何をしていたの？」とさかのぼります。

相手に「○○」と言わせた原因がわかったら、その原因となった行為がどうだったかを振り返らせましょう。そのうえで、そこまでちゃんと話せたことを「よく思い出せたね。とても大事なことだよ」ときちんと評価してあげます。「でも、間違った方法で解決しようとしたね。どんな方法？」と気づかせ、そして必ず行うのは、同じようなことが起こったときにどうするかを考えさせるということです。

うまくいく方策の確認まで、短時間で

「○○と言われないように、△△はしない」「いやなことを言われたら先生に言う」「蹴らずに、言葉で『○○って言わないで』と言う」「無視する」など思いつく方策を言うでしょう。この中から自分が実際にできそうなことを選ばせます。「うまくいかなかったら、また考えよう」という言葉もそえます。

家庭でのこうした話し合いは、集中が続かないので長くならないように気をつけます。お互いにイライラしてしまっては効果がありません。「共感」「時系列での整理整頓」「謝るべきところの確認」「うまくいく方策の確認」がポイントです。家の人が話を聞いてくれて、気持ちが落ち着いたと子どもが感じることが大事です。

先生、相談です。

学校生活編

小2 男子

自閉症スペクトラム

通常の学級に在籍

8 告白して断られたのに、まとわりついていやがられています

クラスに好きな女の子がいます。「好きです。友達になってください」などと書いた手紙を渡したところ、「いやです」と断られ、「どうして!?」と繰り返し聞いてしつこくしたために、先生に言いつけられました。追いかけて行って「好き！」と抱きついたこともあったようです。どう話したらわかるでしょうか。

断られたこと、相手の気持ちに気づいていない?

好きな子に告白して断られたのに、さらにしつこくして怒らせてしまったのは残念ですね。相手の気持ちをどう教えましょうか。

自閉症スペクトラムの子は、もともと相手の立場でものを考えることが苦手です。また、相手の表情や仕草など言葉以外の表現から相手の気持ちや考えをくみとることが苦手です。さらに想像力の困難もあるので、いろいろな場面を想定しておくことが苦手です。2年生くらいだと告白したときに、相手が断るという筋書きは考えられなかったのかもしれません。しかも、まだしつこくしているということは、断

られたということがよくわかっていないようです。

うまくいかない伝え方の例から

そこで、本人がわかるように話をする必要がありますが、次のような言い方はうまくいきません。

「女の子がいやがっているじゃない。いやがることはやめなさい」

「抱きついたら、お友達がいなくなってしまうから」

などです。

ほかの子の例ですが、「女の子がいやがっているじゃない！」と叱ったところ、「大丈夫。大丈夫」と答えた子がいました。また、「お友達がいなくなってしまうから」と話したところ、「そんなことはない。僕にはたくさん友達がいる」と答えた子がいました。

うまく伝わる言い方は…

うまく伝わったのは、次のようなやりとりをしたときです。

「『好きです。友だちになってください』と言ったら、○ちゃんは、何と言ったの？」

子「……『いやだ』」

「そうか。それは、あなたのこと、好きということ？」

子「……違う」

「そうだね。あなたが好きと言っても、相手はあなたのことを好きではないこともあります。○ちゃんに抱きついたら、何と言われたの？」

子「『やめて』」

「そうだったね。ぎゅっと抱っこするのは、おうちの人とだけ」

子「でも、○ちゃんが好き」

「○ちゃんと友達でいたいのだね？」

子「うん」

「じゃ、友達でいる方法を教えます。「おはよう」「さようなら」とあいさつをすること。そして、遊ぼうと声をかけること。いやだと言われたらやめること。やってはいけないことは何？」

子「追いかけない。ぎゅっとしない。しつこくしない」

「そのとおり！　紙に書いておこうか」

本人に答えさせることで気づける

お気づきですか。このやりとりは、答えは短いですが全部本人に答えさせています。だいぶ誘導していますが、答えることで気づくのです。相手の気持ちや方策に気づくように質問をしていきます。

「〇〇してはだめ」「〇〇しなさい」と教え込む方法では、「うん」「わかった」と返事をするだけになってしまいます。

将来に向けてこんな準備も

さて、年頃になったら、こうした切ない気持ちを相手に伝えたいと思うときがまた来るでしょう。何気ない話の中で、「好きだ」と告白しても、振られることがあることを再度本人に確認しておきましょう。振られたときはどうふるまうかも教えておきます。

以前、告白するときに、花束を持って行った中学生がいました。どうやら、漫画の本から仕入れた方法だったようです。発達障害の子はとても純情で素直な子どもたちです。もう少し大人になった子からは、恋愛の相談を受けたことがありました。いきなり好きだというのではなく、信頼のおける先輩や友達と一緒に、お茶を飲んだり食事したりすることから始めたらどうかとアドバイスしました。

このように、誰かに相談して適切なアドバイスを受けることも必要ですね。

先生、相談です。

学校生活編

小1　男子

自閉症スペクトラム＋ADHD

通常の学級に在籍

9 運動会や発表会など、行事の本番まで乗り切れるか心配です

幼稚園のときから、運動会や発表会など、大きな行事の練習が始まると落ち着きがなくなり、先生の言うことを聞かなくなりました。今も、思いどおりにならないと騒いだり、暴れたりすることがあります。まもなく運動会です。きちんと練習に参加し、本番を乗り切ることができるのか心配です。

「いつもと違うこと」に弱い

発達障害の子どもたちは、いつもと違うことに取り組むことが苦手です。特に、自閉症スペクトラムの子は、変化に弱いものです。大きな行事のときは、練習などのためにいつもと違う時間割や活動に変わることに混乱します。運動会があること、その練習をしていることはわかっても、「今、何をしているのかわからない」ことも多いようです。

ADHDの子は、大勢が集まって練習する場面で興奮してしまう傾向があります。なので、勝手な言動が目立ってしまうかもしれません。さらに「（自分は）ち

ゃんとやっているのに先生に叱られる」などの状態が続くと、モチベーションの上がらない状態になるかもしれません。また、練習は少しずつ、修正しながら進められます。ＡＤＨＤの子にとって、進んだり戻ったりする練習は集中を持続させることがいっそう難しくなります。

全体像がつかめると落ち着いてくる

ところが、こうした子どもたちも、練習が最後までたどり着き、全体像が見え、通し練習が繰り返される段階になると、落ち着いてきます。次に何をするのかの予測がついたり、見通しがもてたりするからです。特に、自閉症スペクトラムの子どもは、練習がパターン化してくると、集団の中で動けるようになってきます。もちろん、上手に演技する、待ち時間に落ち着いているなどは、別問題ですが。

成功のための作戦を子どもと一緒に立てる

さらに、学校での練習がスムーズにいくようにするために、もう少し工夫をする必要があります。まず、カレンダーの運動会の日に印をつけます。練習がどのくらい続くのか見通しをもたせるのです。そのうえで「運動会を大成功にするために作戦を立てよう」と子どもにもちかけます。

学校生活での状態に合わせて、たとえば、「先生が『静かにしてください』と言

ったら、静かにする」「先生が『おしまい』と言ったら、やめる」など具体的なことを、うまくいく作戦として提示します。
練習がうまくいくためには、練習以外の場面でも必要な作戦であることも伝えます。登校する前に「今日も運動会の練習をがんばろう！　作戦は2つだったね」と内容を確認してから送り出します。

担任の先生にも評価してもらう

担任の先生にもこの作戦を伝えておきましょう。練習時あるいは練習以外の学習や生活場面において、「『静かにしてください』と言ったら黙るんだったね」「『おしまい』と言ったらやめるんだよね」と、先生からも言ってもらうと、いっそう効果が上がるでしょう。

学校から帰ってきたら、学校でのようすを子どもに聞きます。子どもの話だけでは本当のところがわからないときは、先生に連絡帳で知らせてもらったり、実際に練習のようすを見に行ったりするといいでしょう。細かいところはともかくとして、集団の中でがんばっているところは大いにほめたいものです。

家では、いつもどおりの生活を

このあいだ、できるだけ、家ではいつもどおりに過ごすようにします。学校でも家でも変更が大きいのは、周囲が思う以上に子どもには大変なことです。本人が喜ぶようなことでも、旅行をしたり、たくさんの人の中に出かけていったりすることは、大きな刺激となります。落ち着いて過ごす時間をできるだけもつようにします。

子どもは、行事を一つずつ経験していくことで、学校の行事のイメージがもてるようになります。今は大変ですが、年々、混乱や落ち着きのなさが少しずつ改善していくことでしょう。行事の練習中は落ち着かなくても、終わって、いつものとおりの生活に戻ると落ち着くことが多いものです。

先生、相談です。

学校生活編

小３ 男子

ADHD

通常の学級に在籍

10 トラブルの連絡をもらうのがつらい…

落ち着きがなく衝動的なので、学校でもいろいろトラブルを起こしています。担任の先生は起こった出来事をそのつど知らせてくれますが、正直なところ連絡帳を見たり電話を受けたりするのがつらくなってきました。忙しい時間を割いてもらえるのはありがたいと思いつつ、どのように連携できるのか、悩ましく思います。

担任と面談して連携の仕方を確認する

保護者と子どもの情報を共有したい担任の考えも、子どものことを知りたいけれどマイナスのことばかりでは気持ちが沈んでしまうという保護者の感情も、どちらもあたりまえの考えであり、あたりまえの感情です。

一度、連携の仕方について確認するといいかもしれません。担任との面談を申し出てはどうでしょうか。率直に「子どもが迷惑をかけていることが申し訳なくて、連絡を受けるたびに、正直なところ気持ちが沈んでしまいます。一度面談をしていただけませんか」と伝えるといいでしょう。

気持ちを連絡帳や手紙で伝える方法もありますが、どんなに長く書いても、気持ちや思いを正確に伝えることは難しいものです。やはり、直接会って話をするのがいいようです。

連絡してもらう内容と方法を話し合う

どういうことを話し合うかというと、担任の先生と連絡し合う内容とその方法です。担任の先生が忙しい時間をやりくりして連絡してくれることに対して、感謝の気持ちを伝えつつ、冷静に受け止めきれない状況にあることも伝えます。

そして、学校で起こったトラブルをそのたび全部でなく、先生の判断で選択して連絡してほしいことを伝えます。

先生にお任せしたいこと

連絡が不要な内容としては、日々のほかの子とのトラブルのうち、先生が指導したことによって解決したトラブル、パニックやかんしゃくを起こしても先生とのやりとりの中で納めることができた場合、多動や衝動性、身のまわりの整理整頓の苦手さなど、子どもがもともともっている困難に由来する課題、などがそれにあたるでしょう。

保護者は重々承知なので、変化があったときに知らせてもらうようにします。

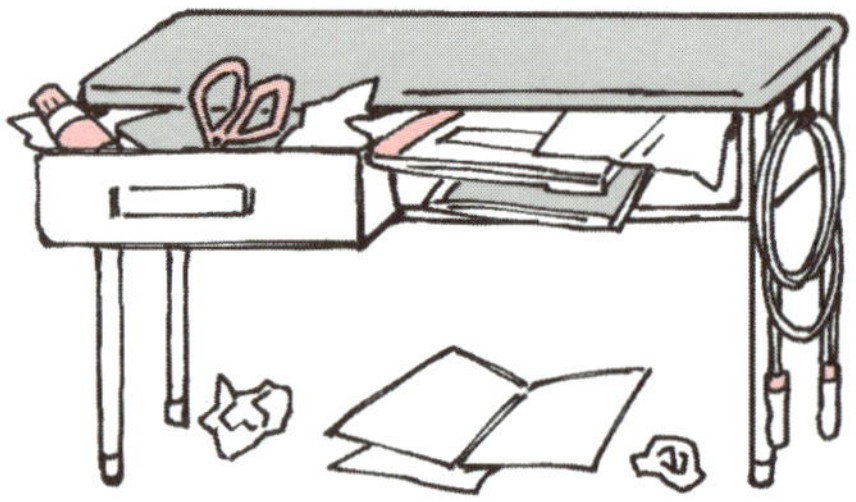

必ず連絡してもらいたい内容と方法

帰宅後に保護者のフォローが必要な場合、たとえば、
・学校のもの、あるいはほかの子のものを壊してしまったとき
・ほかの子にけがをさせてしまったとき
・泣いたり怒ったりして、気持ちが切り替わらないままに下校したとき
・忘れ物、提出物
などは、早急の対応と詳細の把握が必要なので、電話で必ず連絡してほしい事柄になるでしょう。すぐに出られなくても、着信履歴を見て、折り返し連絡することにします。お互いに電話連絡しにくい時間帯がある場合はそのことを前もって了解し合うといいでしょう。

それから、持ち物や提出物など、保護者が手助けする必要があることも連絡してほしい事柄の一つですね。これは、連絡帳で十分かと思います。

面談は一定の間隔で続けていく

トラブルが続くと、先生と顔を合わせることもつらくなりますね。先生とうまく話す自信がない、考えがまとまらない、という保護者もたくさんいます。メモを片手に話をしたとしても、まったくかまわないでしょう。

できれば、学期ごととか2か月に一度など、一定の間隔で先生と面談することをお勧めします。面談をすることで、連絡がなかったあいだのいろいろなトラブルを知ることになるかもしれませんが、視点を変えれば、連絡するほどではなかったという解釈もできます。

たびたび会うことで…

この面談が、子どもができないところや問題点を情報交換するだけではなく、どうやったらいいのかの作戦会議になっていくと、気持ちもずっと楽になるはずです。「先生、どうしたらうまくいくのでしょう」「家ではどんな支援をしたらいいのでしょう」などが、キーとなるフレーズです。

また、先生と繰り返し会うことで、お互いのつらさや大変さが共感できて、連帯感が生まれることがあります。

とはいえ、どうしても面談のあとにつらくなったときは、話のしやすい元担任の先生や養護の先生と会って雑談をし、リセットして帰るのもいい方法かもしれません。

先生、相談です。

学校生活編

小4　男子

自閉症スペクトラム

通常の学級に在籍

11 子どものことを担任に理解してもらえません

小さい頃に受診し、自閉症スペクトラムの診断がついています。話がかみ合わない、できないとパニックになる、状況が読めずみんなと同じように活動できない、そういう子です。担任の先生は「関係ないことを言って授業を中断させる」「わがままを言う」「仕事をしない」と批判ばかりで、正直まいっています……。

担任も困っていると理解する

担任の先生からの訴えは、子どもの状態がわからないためのSOSのようですね。だいぶお困りのようです。保護者に訴えることで、困っていることをわかってほしい、困る気持ちを共有したい、ということでしょう。

でも、保護者の気持ちには、気づかれていないようです。先生には、ゆっくり面談する時間を取ってもらいましょう。

子どもの特性について話を聞いてもらう

集団の中で指導する先生の大変さを理解しながら、次のようなことを話されるといいかと思います。わかってもらおうと早口にならないように、ゆっくりと、落ち着いて話してください。

・小さい頃はどんな子だったか
・子育て上どんな苦労があったか
・どういう思いで、受診したか
・これまで医師や心理職に教えてもらった、あるいは調べてわかった、子どもの障害の特性
・学校でみられる行動は、どういう力が足りないと思っているか
・改善させたいと考えている行動

自分の言葉で伝える

これらのことは、専門家ではないので、難しい言葉を使って説明する必要はまったくありません。障害について書かれた冊子や本を担任に渡して読んでもらう方法もありますが、それよりも保護者が自分の言葉で伝えたほうが伝わります。「よくわからないのですが」「私も、わがままだなと感じるのですが、本人はこう感じているようです」「それは、○○する力が足りないからだとお医者さんに言われました」などのように。

優先的に取り組むことは何か？

話を聞いてもらったあと、保護者と担任が改善させたいと考える課題のうち、「優先的に取り組まなければならない課題は何か」を一緒に考えてもらいましょう。このように働きかけることで、すべての課題を一度に改善することは、いつもそばにいる保護者といえども無理なこと、課題は一つずつ取り組むことが有効であること、保護者だけではうまくいかないということに気づいてもらいましょう。

「言い聞かせる」「約束させる」「厳しくする」などの方法しか思いつかない場合は、子どもの特性に合わせて、もっといい方法があるかもしれないと、専門家に相談することを提案しましょう。

専門家のアドバイスを求める

各区市町村には教育相談担当がいます。学校での具体的な対応について、相談してみましょう。通級指導、巡回指導など特別な支援を受けている場合は、その担当の先生に相談します。これらの先生は、お願いすれば直接担任の先生にアドバイスしてくれるでしょう。

発達障害の子どものことだけを考えて支援の方法をアドバイスされることもありますが、担任は学級全体を考えます。集団としてどう学級運営していくか、発達障害の子どもへの支援とほかの子どもへの指導のバランスを考えます。担任の先生が学級の中でできる支援をアドバイスしてもらう必要があります。自分ができると思える支援内容なら、担任の先生も受け入れてくれるでしょう。

家庭でできること、学校でできること

保護者も担任もともに、子どもの課題がわかっても、具体的な対応がわからないことも多いものです。学校での実態を担任から伝えられても、家庭でどう支援したらいいのかわからないときは、正直に伝えるのがいいでしょう。学校で見えてきた課題を家庭で補うことはなかなか難しいことでもあります。

専門家に相談する、相談したことを共有する、そして方針を共有し役割を分担する、そうすることで、少しお互いの気持ちが楽になるのではないかと思います。

先生、相談です。

学校生活編

小５ 男子

自閉症スペクトラム＋ ADHD

通常の学級に在籍

12 「いじめられる」と言って、家で荒れます

積極的にほかの子をいじめたり乱暴したりするタイプではありませんが、思ったことを何でも言ってしまったり、自分の役割がわからず人の仕事に手を出したりするので、いつも批判の的になっているようです。毎日トラブルになり、家に帰ってから悔しがって「今日もいじめられた」と荒れます。どうしたらいいのでしょう。

どちらか一方が悪いの?

子どもに「いじめられた」と告白されることは、親としてとてもつらいことです。いじめられている子のお母さんに話を聞くと、まず、いったい誰がどんなひどいことをしたのだ、と腹ただしく思い、なんとか守ってやりたいと思うと言います。それと同時に、自分の子どもも落ち着かないから、言われても仕方がないのかもしれないと思うようです。

でも、どうなのでしょう。いつも注意をされている子は、どんなことを言われても、どんなことをされても自業自得なのでしょうか。そして、子どもたちはいつも

正しく状況を理解して行動しているのでしょうか。

そうではないはずです。子どもたちは、自分が注意を向けたところのみを手がかりとし、状況を理解します。状況の理解には、経験や知識や記憶が影響します。その理解をもとに、自分の言動を決めます。発達障害であってもそうでなくても、こうした社会的な手がかりをキャッチすることや状況を理解すること、状況を判断して、解決方法を決める力には個人差があります。

そう考えると、自分の子どものためにも、周囲の子どものためにも「仕方がない」とあきらめず、学校とともに解決策を考えることが大事です。

学校の複数の先生と話し合いの場を

担任の先生との面談をお願いしましょう。できれば、学年主任をはじめ同学年の先生、必要に応じて副校長など第三者、スクールカウンセラーなど専門の立場で助言をしてくれる先生などに同席してもらうといいでしょう。なぜなら、この話し合いの目的は苦情を言うことではなく、知恵を出し合って解決することだからです。

まずは、子どもが周囲とうまくいかず、いじめと感じていること、家庭で不安定になっている事実を伝えます。そして、次のようなことを話し合います。

・周囲とトラブルになりやすいのは、子どものどういう言動か（担任より）
・そのとき周囲の子どもたちはどう反応するか（担任より）

・子どもは、周囲にどう対応してもらうとわかりがいいか（保護者より）
・家庭で子どもへの対応やフォローをどうするか
さらに、クラスの子どもたちに、どういう方法で理解と協力を求めるかを考えます。クラスで、問題解決のための話し合いが可能であり、有益であるなら、段取りを担任に考えてもらいます。その話し合いに、本人を同席させるかどうかについても話し合います。

家庭ではこんな話し合いを

学校での話し合いを念頭に置きながら、家庭でも子どもと話し合います。どんなふるまいがトラブルにつながったのか、まわりの子は自分にどういうふるまいを期待していたのか、どうふるまえばよかったのかを一緒に考え、次に同じようなことが起きたらどうするかを相談しましょう。

高学年の子どもの場合は、保護者が一方的に方策を与えるのではなく、子どもに考えさせ気づかせることが重要です。どういうことが苦手なのか、どういう方法ならできるのかなど、自分自身の理解につなげることも意識します。自分が思っていることと感じていることと、周囲の子どもが感じていること考えていることに違いがあることにも気づかせていきましょう。

クラスでの話し合いについては、その意図を本人にきちんと伝え、了解を得る必要があります。話し合いへの同席については自分で決めさせます。

「悔しい」「学校に行きたくない」気持ちを受け止める

学校との話し合いをとおして、いろいろと対策を講じても、どうしても学校に行きたくないと言うときは、ひとまず受け止めてください。必要なら学校を休ませましょう。頭ごなしに批判したり叱責したりせずに、子どもの考えや気持ちを聞いたうえで、ずれや思い込みが強い場合は、「あなたは、そう思ったんだね」と受け止めつつ、「お母さんは、○○だと思う。なぜなら△△だから」と理由もそえて修正していきます。

もし、万が一、周囲の子どもたちの言動が理解不足によるものを超えて、悪質でしつこい場合は「いじめ」と認識し、確固たる態度で学校との話し合いに再度臨み、学校体制による組織的な対応を考えてもらうようにしましょう。

先生、相談です。

学校生活編

小3 | 男子

未診断

通常の学級に在籍

13 学童保育でトラブルが絶えません

学童保育に通っています。学校が終わると走って学童の教室に行くようです。でも、到着直後から、近くの子の頭をたたきながら走り回るそうです。外遊びの時間になると、ルールを勝手に変更してほかの子ともめるとか。先生が注意しても聞かないので、困っているようです。学童のときがいちばん落ち着かないようすです。

家・学校・学童の違い

家では、家族という決まった人間関係の中で生活します。その子の言動がおよぼす影響は限定的です。学校は、担任を中心として、時間割に沿って生活します。その枠組みからはずれることは基本的に許されません。勝手に外で遊び続けていたり、暴れていたりしたら、担任だけでなくほかの先生もほうっておくことはありません。

一方、学童保育は、多学年の子が一緒にいます。発達段階も理解もコミュニケーションのとり方もいろいろで、学級より指導が難しい状況にあります。一定の約束事と流れが決まっていますが、家に帰ってきたようにリラックスできる空間にしよ

うと、職員が心を砕いているでしょう。当然枠組みは学校よりゆるいでしょう。

落ち着きがなくなるのは当然

刺激が多く、枠組みのゆるい学童保育は、多動な子にとって学校より落ち着きがなくなることは当然といえます。

よく「先生方が優しいから、勝手なことをする」「もっと厳しく言って聞かせてください」「学童でいちばんわがままを言っている。家では言うことを聞く」という保護者がいますが、それは、少々見方を変える必要があるでしょう。たとえばきょうだいが50人ほどいる家庭と考えれば想像がつきます。

落ち着かない場面から対策を考える

まず、どの時間帯がいちばん落ち着かないか、職員に聞いてみましょう。「一日中ずっと」と言われるかもしれません。その場合、特にどの時間帯が落ち着かないのでしょうか。あるいは、何をしているときにいちばん落ち着いていていてほしいのでしょうか。まずは重点的にその場面の対応を考えましょう。

よく受ける相談内容からすると、学校から学童の部屋に到着したときの行動が大きいように思われます。どの子も、学童に向かうとき、学校から解放された気持ちから、興奮状態にあります。特に発達障害の子は、学童の扉を開けた瞬間に目に入

った、気になる子の姿や遊び道具が刺激になります。広い教室も走り回りたくなる刺激になります。その場面を例にとって、動きをコントロールする方法を考えてみます。

到着直後の行動をコントロール

学童の建物の中に入ったときに、走り回る前に、少しカームダウン（落ち着く）させます。入り口で、「お帰りなさい」と声をかけて、いったん動きを止めます。その後、決まった席に座らせて、水を飲ませ、さらに落ち着かせます。ほかの子が視界に入らないような、部屋の隅や壁際がいいでしょう。

落ち着いたら、これからやること（荷物を片づける、宿題をする、友達と遊ぶ、おやつを食べるなど）を確認し、ホワイトボードに書き込み、見通しをもたせます。最初の場所移動のときだけ大人が一緒に行きます。友達との遊びを始めるときも、近くに行き、「お友達を泣かせてしまったり、怒らせてしまったりしたときは、先生のところに来なさい。うまくいくように一緒に考えるから」と伝えて、離れます。

職員には提案の形で伝える

さて、この方法を何と言って学童保育の職員に伝えるかです。日々の苦労に共感しながら、「どんな方法があるか考えてみましたが、こういう方法はどうでしょう。

家で話してみるので、もし本人がやってみると言ったら、試してみたいのですが」とお願いしてみましょう。学童保育室の事情や職員の考えもあるでしょう。押しつけにならないように、共感してもらえるように話しましょう。

「うまくやりたい」気持ちを引き出す

次は、子どもへの提案の仕方です。この一連の方法は、子どもが落ち着いているときに、「友達とうまくいく方法」として家の人が提案します。

「○君は、学童に行くと、お友達の頭をたたきたくなるけど、友だちを困らせようと思ってやっている？　それとも、いけないとわかっていて、どうしてもやってしまう？　どっちかな？」と確認します。たいていは、叱られたくなくて「もうやめる。やらない」と言うか、「わかっているけど、どうしてもやってしまう」と答えるでしょう。どちらも、本当の気持ちだと思います。そこで、「うまくいく方法があるよ」と、下校からの一連の動きを提案するのです。本当は子どももうまくやりたいと思っているので、「うん」と受け入れるでしょう。

もちろん、受け入れたからといって、次の日から、できるようになるわけではありません。周囲の協力で、行動をコントロールするための環境をつくってあげること、短い時間でも、落ち着いている時間をつくり、落ち着いている自分を意識させることが重要なのです。

先生、相談です。

学校生活編

小2　女子

自閉症スペクトラム

通常の学級に在籍

14 クラス替えで、クラスメートや担任の希望がいえますか

環境に慣れるのに時間がかかります。入学当時は教室に入るのにも長くかかりました。ようやく一緒に本を読んだり絵を描いたりする友達ができました。先生が上手に配慮してくれたのです。3年のクラス替えで新しいクラスメートや先生となじめるか心配です。仲のいい子との同組や担任のもちあがりを希望したいのですが。

クラス替えに確かな決まりはないが…

自閉症スペクトラムの子どもは、初めての場所や環境になじむまでに時間がかかったり、上手に新しい人間関係を築くことができずトラブルが多くなったり、不安定になったりすることがあります。クラス替えは、本人はもちろんのこと、それを見守る保護者も不安なものです。

どの学校でもクラス替えを行いますが、隔年で行わなければならないと決まっているわけではありません。学校によっては、校長の考えで隔年ではなく毎年クラス替えをする場合もあります。また、学年の状態によっては、通例のクラス替えの学

年でなくても例外的にクラス替えをするなどということもあるのです。特別なケースについては、3学期に保護者にも説明があると思われます。

あらゆる要素を考慮して行う

さて、クラス替えはどのようにして行われるかというと、その方法は学校によってさまざまですが、男女の割合、学習、生活、友達関係など考慮して行うことはどの学校も共通しています。事後のクラスがどんな雰囲気になるかも推測します。子どもの組み合わせを考え、時間をかけて行います。

それでも、翌年度新しいクラスで学級運営を始めてみると、思いもよらない状況になることもしばしばです。子どもたちは、新しい人間関係の中で、これまで見せなかった姿を見せることがあるからです。それは学級集団にとってプラスにもマイナスにも作用する姿です。まさしく、人間関係の化学反応とでもいうべきでしょうか。

友達関係は学年によって変わる

子どもたちの友達関係は、学年によって変化します。遊び方も変わってきます。2年生のときに一緒に絵を描いていた子ども同士も、変わっていくでしょう。特に3年生は遊びが変化する時期でもあります。翌年も仲よくしてもらいたいと保護者

が期待しても、そうはならないことはよくあることです。

配慮すべきタイプの子の存在に注意

それよりも、お子さんに対してしつこく注意したり批判したり、過剰に反応したりする子との関係を考慮する必要があります。学年が変わっても、同じような反応をすることが多いものです。力が強く他者への影響力も強い子だと、周囲も巻き込むこともあります。

これまで著者が経験した中では、クラス替えで配慮してもらったほうがいいこととして、過剰に反応する子の存在があります。仲のいい子より配慮が必要です。

担任は希望では決まらない

担任については、保護者の希望で決まることはありません。どの学年にどの教員を配置するかは、校長が学校運営の視点で考えます。

さらに、公立の学校では人事異動もあるので、学校の教員は毎年変化します。希望する教員が、翌年残っているとは限りません。

新しい担任に支援を引き継いでもらう

以上のようなことを念頭に置いて、3学期に面談を申し込みます。保護者のクラス替えに対する心配や不安を率直に伝えましょう。保護者が把握している子どもの友達関係をもとに、情報を交換します。

さらに、子どもの特性や担任が支援してうまくいった方法、配慮してきたことなど、新しい担任に引き継いでもらうようにします。学校では特別な支援を必要とする子どもについては、個別の指導計画を作成することになっています。もし、作成していないようなら、ちょうどいい機会なので、お願いしましょう。

クラス替えは「リセットする機会」でもある

新しいことが苦手な自閉症スペクトラムの子どもたちにとって、いろいろ心配の多いクラス替えではありますが、マイナスのことばかりではありません。クラス替えや進級が「リセットする機会」となり、これまでこだわってできなかったこと、できなくてもいいと決めつけていたことにチャレンジする機会にもなります。

また、学級や学習上のルール、先生のかかわり方については、パターン化していたものが崩されるので、本人にとっては戸惑いもありますが、パターンの崩しと再構築は必要な作業です。「○年生になったから変わった」という理解のさせ方で、上手に受け入れられるように支援していくことが大事です。

先生、相談です。

学校生活編

小5 女子

自閉症スペクトラム

通常の学級に在籍

15 将来、仕事に就くことができるでしょうか

場の空気を読むことが難しく、妙にテンション高くはしゃいだり、男の子に高飛車にものを言ったりして、ハラハラします。家では、ゲームをするか漫画本を読むか、漫画を描いて過ごしています。将来は漫画家になりたいといっていますが、実際、働くことができるようになるのでしょうか。

必要な力を見極め、準備していく

働くことができるよう、早くから準備していくことは大事です。どんな力が必要か考えてみましょう。

お子さんには、場の空気が読めない、テンションが高くなる、高飛車な態度をとるなど気になる課題はいくつかありますが、それらは自閉症スペクトラムの子どもたちが抱えている社会性の困難に由来する課題です。周囲の状況を理解したり相手の表情や仕草から気持ちや言いたいことを察したりする力が足りないので、状況や場に合わせたふるまい方がわかりません。周囲の助けを借りて、気づかせてもらっ

たり教えてもらったりすることが必要です。そうして少しずつ「覚えて」いくでしょう。

「人に教えてもらう」は、重要なスキル

実は、この、教えてもらいながら覚えていくことこそが、働くことができるようにするトレーニングとなります。場面に合わないふるまい方や、人とのかかわり方において、困ったとき「いい方法を教える」「いい作戦を一緒に考えよう」という言葉かけで、人のアドバイスに耳を傾けるようにさせていくのです。

働くうえでもっとも必要なことは、助言を受け入れる力だといえます。できないことやうまくいかないことがいろいろあっても、謙虚に教えてもらおうとする態度は、一緒に働く相手に受け入れてもらう要因となるでしょう。しかも、この上手に教えてもらうということは、生涯にわたって必要な力です。

具体的な方法を学んでいく中で

買い物の仕方や調理、電化製品の扱い方、郵便局や図書館、銀行などの使い方、公共の乗り物の乗り方、切符の買い方、ＩＣカードの使い方などは、自立に必要な具体的なスキルとなります。このスキルを学ぶときも「人から教えてもらう」必要がありますね。

おそらく、一度教えてもすぐにできるようにはなりません。「○○でいいんだっけ？」と確認したり、「どうするの？」と教えを請うたりするでしょう。ここでも、「困ったときに助けを求める、助言を受け入れる」という、働くときの基本スキルを学ぶのです。

助けを求めてきたら

助けを求めてきたときは、くれぐれも「自分で考えなさい」と突き放したりせず、繰り返し教えてあげてください。少し自分でがんばらせたいときは「見ているから、自分でやってごらん」という方法でもいいでしょう。

この、求めればちゃんと助けてもらえるということを経験する中で、よりいっそう、困ったときに助けを求めることが定着するようになります。

うまく助けを求めてきたときは、勝手にやって失敗するより教えてもらうほうがずっといい方法であると、大いにほめましょう。

将来進む道を一緒に検討していく

お子さんは、漫画家になりたいとのこと。今は絵を描くのが楽しくてしょうがないのでしょう。漫画家は絵を描くだけではなれませんが、今から、就きたい仕事のことで周囲があれこれいうことはまだ早いように思います。今後、本人は漫画家になるためには、ストーリーを考える力や根気、読み手の立場で作品を描くこと、編集者とのコミュニケーションなど、いろいろな力が必要なことを少しずつ知っていきます。そういう現実を知りながら、進む道を保護者と一緒に検討していくといいと思います。

「好き」は余暇に生かすのでもいいかも…

そして、どんな仕事に就くか。「好きなことを仕事にしてほしい」と願う親は多いものです。しかし、よく考えてみると、自分の好きなことを仕事にしている人は意外に少ないものです。だからといって、苦手なこと、できないこと、嫌いなことを仕事にしても、苦しいばかりで長続きしません。

本人の特性に合った仕事を選ぶことが大切です。そして、仕事は仕事と割り切って与えられたことをきちんとやる、少々つらくても、仕事はそういうものだとがんばる、自分の好きなことは余暇の時間に楽しむ、そういうメリハリのある生活ができることがいいように思います。

先生、相談です。

学校生活編

小5 女子

自閉症スペクトラム

通常の学級に在籍

16 中学、高校など、進学先をどうするか悩みます

知的に遅れはなく学習の心配はないのですが、融通が利かず、予期せぬことが起こると、いまだに泣いてしまいます。いじめはないようですが、グループ決めなどではなかなか相手が決まらないようです。中学、高校など、進学先をどうするか悩みます。

安心して過ごせ、力を発揮できる学校がいいが…

子どもが、少しでも安心して過ごすことができる場所はどこか、自分の力を発揮したり、将来に必要なスキルを習得したりすることができる学校はどこか、進学先を決めるのは、本当に悩みます。

進学先としては、通常の公立中学校・高校、私立中学校・高校、公立の中学校に設置された特別支援学級、そして、発達障害の子どもに特化した私立の中学校・高校などがあります。子どもの状態と能力によっては、特別支援学校も選択肢となるでしょう。

公立中学校に進む場合

公立中学校の場合は、同じ小学校から進学する子も多く、よくも悪くも子どものことを知っている子が多いということがあります。小学校のときにどんな関係にあったかということが重要になってきます。また、通級あるいは巡回などの公的な支援を利用できるという利点もあります。

私立中学校は受験の弊害に注意

私立中学校の場合は、当然ながら受験をします。高校受験がなくてすむようにという考えで中学受験をさせるケースが多いようです。塾での勉強の仕方や問題の解き方の型を理解して点数を伸ばしていく子もいますが、無理な受験勉強は日常生活全般に悪影響をもたらすことになりかねないので要注意です。

点数にこだわる、今いる学校の授業に参加しなくなる、朝起きられない、居眠りをする、イライラする、わからない子を馬鹿にする、自分が受験する学校を自慢する、塾に間に合わないからと掃除をやらないなど、さまざまな形で現れます。

発達障害への対応を確認して決める

また、学校を決めるときは、偏差値だけで判断した塾の先生の勧める学校ではなく、実際に学校説明会に出向いて、発達障害の子どもに対する理解や対応を必ず確

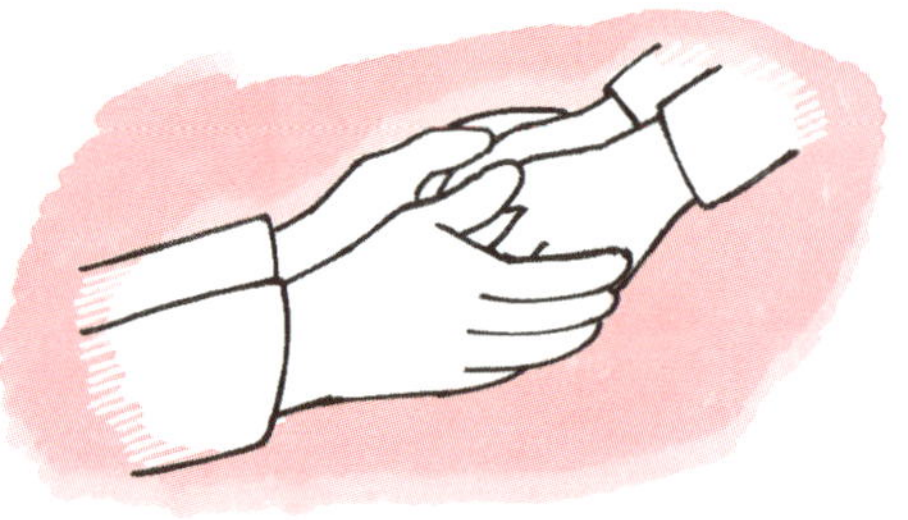

認しましょう。ある保護者は、全体の説明のあとに、生活指導担当の先生や1年担任などに声をかけて、「自分の子どもは、発達障害があるのだけれど」と正直に伝えたときの先生の反応で判断したと話しています。

「この学校にも発達障害の生徒がいます。安心してください」と言う学校がありますが、生徒がいても、十分な理解と対応をしていない学校も多いものです。それより、生徒同士でトラブルになったときの対応、生徒が相談できる人や場所について具体的に説明ができる学校は、候補に入れていいのではないでしょうか。

また、私立の中学校のなかには、そう多くはありませんが、発達障害の生徒を対象とした学校もあります。教育理念や指導の方法、進学先などしっかり情報を集めて、選択肢の中に入れましょう。

特別支援学級も選択肢に

知的に遅れがなくても、社会性の課題が大きい、コミュニケーションがとりにくい、こだわりが強い、など自閉症スペクトラムの特性が非常に強くて、大きな集団での適応がよくない場合は、特別支援学級も考慮する必要があるでしょう。小学校は通常の学級で学び、中学校進学と同時に特別支援学級に移る子どももいます。

特別支援学級に進学すると、特別のカリキュラムでの学習になるので、通常の高校への進学は難しくなりますが、就労に向けたスキルを身につけるところと考えるといいでしょう。学級見学を行い、担任の先生に、どういう学習をしているのか、卒業までにどんな力をつけることができるのか、進学先はどうなっているのかなど、話を聞くようにしましょう。

特別支援学校高等部への進学には障害者手帳が必要に…

知的障害の生徒を対象とした特別支援学校の高等部に進学するときは、障害者手帳（愛の手帳や療育手帳）が必要な場合があります。知的に高い場合は、手帳の交付が難しい場合があるので、よく検討してください。

いずれにしても、本人が背伸びしすぎず、安心して学べるところ、困ったときに相談ができる人や場所があることを選択のポイントに加え、さらに中学校を卒業したのちの道も念頭に置いて選択しましょう。

家庭生活編

先生、相談です。

先生、相談です。

家庭生活編

小2 男子

ADHD

通常の学級に在籍

17 朝の支度が進みません。どんどんさせるには？

朝やっと起こしたと思うと、テレビの前でまた横になってしまいます。ごはんを食べるのも、着替えるのもとても遅く、ぐずぐずしています。それなのに、決まった時刻に出かけられないと、「遅刻する」と大騒ぎします。学校は嫌いではないようです。朝の支度をどんどんさせるためにはどうしたらいいのでしょう。

睡眠の問題があるのかも

朝、起こすのも大変なようですが、そういう悩みを抱える保護者は多いようです。夜寝るのが遅い、なかなか寝ない、眠りが浅い、夜に何度も起きるなど、睡眠の悩みも同時にあるようです。お子さんはどうでしょう。

朝の状態だけを改善しようと思っても、うまくいきません。夜はきちんと眠っていると保護者が思っている場合でも、担任が子どもに聞くと「あまりよく眠れなかった」「寝たのが遅かった」などと言います。まずは、子どもの夜の過ごし方と睡眠を観察し改善しましょう。

就寝時刻を決めて守るよう、家族で協力

2年生なら、遅くても9時の就寝をめざしたいものです。寝る前にゲームをしたり興奮するテレビ番組など見たりしていると、質のいい睡眠は得られないようです。部屋を暗くすることも重要です。各家庭の住宅事情もあると思いますが、家族みんなで、子どもが決まった時間に寝られるように協力したいものです。

そのうえで、朝の過ごし方を検討しましょう。

朝のスケジュールを決める

家を出る時刻から逆算して起床時刻を考えますが、10分程度の余裕は必要だと思います。朝起きるとすぐにごはんを食べさせようとしますが、たいていの子どもは食べられません。朝ごはんの前に少し動かし、目覚めてからごはんにしたほうがいいようです。

次のような順番はどうでしょう。

①起きる
②トイレ
③顔を洗う・拭く
④ごはん
⑤歯みがき

⑥着替え
⑦ランドセル

スケジュールをこだわりにする

さて、この朝のスケジュールを守ることができるかどうかです。家を出る時刻にこだわっているようですが、もともと、こだわりのある子なのだろうと思います。本人の中で明確に決まっているのは、家を出る時刻だけなのでそこにこだわるのでしょう。

おそらく、決まった時間内にどれだけのことをやるのか、なんとなくわかっていても、本当はよくわかっていないと思います。なので、やることを明確にして、それぞれのことにうまくこだわらせるといいのだろうと思います。

作戦を一緒に考え、紙に書いておく

やはりここでも、やってみる価値があるのが、子どもと一緒に考える作戦と、紙に書く作戦です。

発達障害のある子は、視覚優位である場合が多く、どんなに毎日やっていてあたりまえの事柄でも、目に見える形で確認できるようにしておくと、自分で進めるうえで有効です。しかも、家を出るまでにどんな行動があるのか一目瞭然となり、見通しがもちやすくなります。表にする、番号をつける、チェックできるようにするなど工夫するといいでしょう。

テレビをつけるなら興味をひかないチャンネルに

朝はテレビで時刻を確認する家庭が多いようです。できれば、番組の内容を本気で見てしまうようなチャンネルは避け、ニュースなどあまり興味をひかないようなものにするといいかもしれません。それでも、子どものなかには好きな番組はニュースだと答える子もいます。さすがです。

今、子どもたちは、大人に合わせた生活時間になっていることも多く、夕食が9時、10時、そして11時に寝るという子どももいます。子どもには子どもの生活時間があることを大人は意識したいものです。これは、障害のあるなしにかかわらず、大事なことと考えます。

先生、相談です。

家庭生活編

小2	男子
ADHD	
通常の学級に在籍	

18 翌日の学校の準備が自分でできません

うちの子は、翌日学校に持っていくものの準備が自分でできません。支度をしているうちに、別のことを始め、最後までやりきれないのです。自分でやらせると、必ず忘れ物をします。2年生なので、まだ一緒にやるしかないのでしょうか。一緒にやっているうちに、できるようになるのでしょうか。

手順を貼り出してわかりやすく

筆箱の中の鉛筆を削って、そろっているか確認する、時間割に沿って教科書やノートを準備する、その他必要な持ち物を準備する、など、翌日の学校の用意はいろいろあります。これらの準備を、もれなく行うには、一定の集中と行う順番を考えてそのとおりに行う力（実行機能）が必要です。こうした力が足りないのなら、その部分を手助けすることが必要です。

まず、支度の手順を決めましょう。やるべきことの優先順位を決めることができず、目についたところから始めてしまうので、大切なことが抜けてしまったりしま

す。明日の支度なんて、毎回同じ手順なのだからわかるはずと考えず、手順を紙に書いて貼っておきましょう。下の表のようなものはどうでしょう。

筆箱の中身には番号シールをつける

筆箱の中身は、おそらくいつも何かが足りない状態になっていると思われます。鉛筆1本ずつ番号を書いたシールを貼っておきます。筆箱にも同じように番号のシールを貼っておき、鉛筆の番号と一致させてしまうようにさせます。消しゴムや赤えんぴつ、黒ペンも同様に番号のシールを貼っておきます。足りないものが一目瞭然になるでしょう。

[学校の準備の手順表]

1	2	3	4	5	6	7	8
ランドセルを　よういする	ふでばこを　だす	えんぴつを　けずる	□えんぴつ○本 □けしゴム □赤えんぴつ □黒ペン	□曜日のようい きょうか書　ノート　ドリル	しゅくだい	もちもの	ハンカチ　ティッシュ

教科書・ノートをそろえる

教科書は時間割あるいは連絡帳を見ながら教科書とノートを順番に重ねていきま

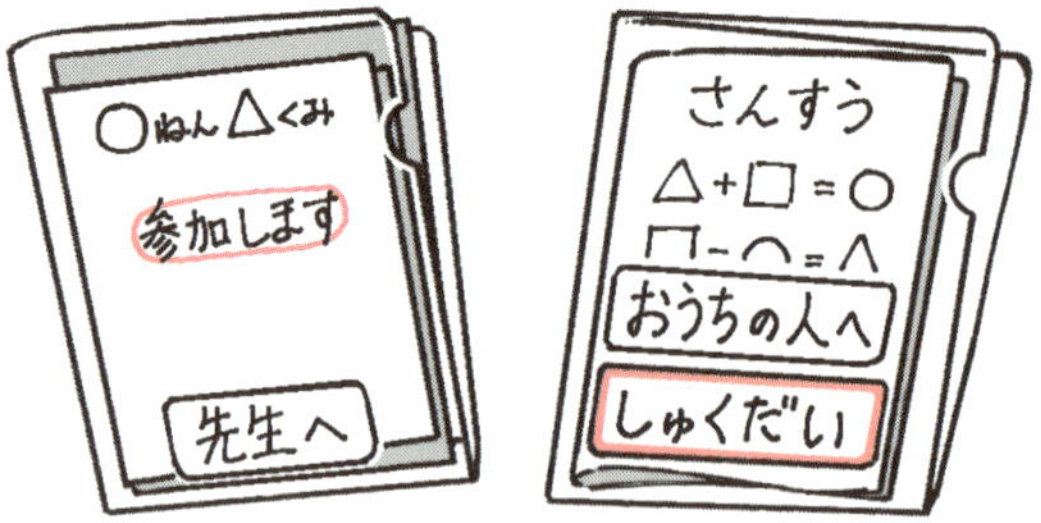

す。この作業をするときに、教科書より少し大きい箱（菓子箱やプラスチックケースなど）を用意し、その中に入れるようにします。「1時間目国語　教科書・ノート・漢字練習帳」のように声を出しながらそろえます。全部そろったら、ランドセルに入れます。

宿題と提出物は、クリアファイルにはさみます。必ず先生に出すことを念押しします。

ファスナーのついたクリアケースに教科ごとに入れる方法があります。この方法は教科ごとにまじらないで準備ができるというメリットがある反面、中身の出し入れが大変というデメリットもあります。教科ごとにクリアファイルにはさむという方法もあります。この方法ははさむものが多くなると中身が滑り落ちてくるというデメリットはありますが、出し入れのしやすい方法です。お子さんの使いやすい方法を検討するといいでしょう。

持ち物は一つひとつ子どもと相談して

次は持ち物です。連絡帳を見ながら準備させます。「体育着」「給食着」「プールの用意」「図工で使うもの」などがこれにあたります。ランドセルや手提げ、特別に紙袋に入れて持っていくことになるので、どうやって持つかはお子さんと相談します。荷物が多くなると、不合理な持ち方をする場合があるので確認が必要です。

ハンカチやティッシュは、ランドセルの中に入れてしまうと子どもは使いません。翌朝洋服を着るときにポケットに入れるようにさせますが、用意は前の晩にしておくのがいいでしょう。ポケットのない服の場合はウエストのベルトに留められるポシェットを使うのもいいでしょう。

「用意するのは子ども」を原則に

さて、これらの一連の準備を、保護者が一緒に行うことが必要ですが、どの程度まで手伝うのか迷うことも少なくないようです。2年生なので、先ほどの手順表を見ながら、保護者が読み上げ、お子さんが自分で必要なものを持ってくるようにしましょう。保護者はランドセルのところにいて、子どもがランドセルの中に入れるようすを見守ります。

「『明日の用意をしなさい』と言ってもやらない」という話をよく聞きます。「○○を持ってきなさい」「○を入れなさい」のように具体的に言うと行動につながることが多いものです。そして、用意するのは子どもという原則を譲らないようにするのも大切です。「遅くなると最後はお母さんがやってくれる」と誤学習させないようにすると、いずれ自分でできるようになるでしょう。

先生、相談です。

家庭生活編

小5 女子

ADHD

通常の学級に在籍

19 いつも忘れ物、なくし物！ とにかく整理整頓が苦手です

学校に持っていくものを玄関口で渡しても、靴を履くために手から離すと、置いていってしまいます。学校からの手紙も、「入れたはずなのに」と言いながらランドセルの中を探して、ないことが多い子です。もう5年生なのに、このままでいいのかとても心配です。整理整頓は苦手だし、ランドセルの中はぐちゃぐちゃです。

どうしたらいいか一緒に考える

不注意型のＡＤＨＤの子どもは、整理整頓が苦手で忘れ物が多いので、周囲によくあきれられます。忘れるたびに「しまった。またやっちゃった」と自分でも思いますが、相手があきれるのを見るのは、やはり悲しいものです。

不注意の状態を批判し、忘れないように叱咤《しった》激励してもあまり効果はありません。そこには具体的な方策の習得につながることが何もないからです。

どうしたらいいかわからない状態なのだということを念頭に置いて、一緒に考えるようにしましょう。どの場面、どういう状況を改善するか、絞って考えます。そ

のほうが具体的な方策を思いつくからです。

持っていくものを「持ち忘れない」ためには…

お子さんの場合は、学校に持っていくものを持ち忘れてしまうようです。そのための方策を、まず考えます。

あわてんぼうの子どもにとっては、学校の用意を前の晩にしておくことは不可欠です。連絡帳をもとに確認させます。「ちゃんと用意したの？」「忘れ物はないの？」などと言葉かけをするのではなく、「明日持っていくものは何？」と尋ね、口で言わせます。これで二重の自己チェックになります。

ランドセルに入らないので別に持っていく必要があるもの、たとえば体操着、給食着、上履き、専科（図工、音楽、家庭科）の道具、習字道具などは、かごや段ボール箱に入れて、玄関に置いておきます。「行ってきます」と言う前に、かごや箱が空っぽになったかどうかだけは、必ず自分で確認するように習慣化します。うちの人も、その中に何か残っていたら忘れたとわかるでしょう。必要なものをあちこちから集めながら出かけていくのでは、失敗につながります。

持ち帰るものの忘れ防止には担任の協力を得る

学校から持ち帰るものの場合は、高学年になると、自分の判断で行うことも多く

なります。あまりに忘れてくる場合は、担任の先生の協力を得ましょう。黒板に、持ち帰るものを書いてもらうのです。それを見ながらチェックさせます。
家同様、持ち帰るものはひとまず机の上にのせ、「さようなら」をしたらすべてを持つようにします。机上に何もなくなったら、忘れ物はないということです。置けないときは机の下でもいいでしょう。必ず机上とその下を見ることをルーティンにするのです。

プリント類の整理整頓のルールを決める

次は、プリント類の整理整頓です。配付されたプリントは、机の中で教科書で押しつけられて机の奥のほうでくしゃくしゃになっているのではないでしょうか。それをそのままランドセルにつっこんで帰るのでしょう。このように机の奥でくしゃくしゃになることを防ぐために、授業で配られたプリントは必ずノートにはさむようにします。教科書ではなくノートと決めておきます。

授業以外で配られたプリントは、すべて自宅から持参したクリアファイルにはさみます。もし、授業中にノートにはさみ損ねたプリントがあったら、ひとまずそれにはさむようにさせます。

自宅に帰ってから、①いらないもの、②保護者に見せるもの、③宿題あるいは勉強で使うものと、3種類の箱に分類します。①と②については保護者が預かります。

③については、子ども自身がその日のうちにノートに貼る・はさむなど整理します。

さらに、クリアファイルをもう1枚用意しておき、それには学校に提出するものをすべてはさむようにします。つまり、子どもは家に持ち帰るものと学校に持っていくものと2枚のクリアファイルを使用することになります。これだけでもくしゃくしゃになることを防ぐことができます。

「忘れても貸さない」ことで改善することはない…

保護者の中には、「忘れたら借りればいいと思うから、いつまでたっても改善しない。だから忘れたら自分が困るように、貸さないようにすればいい」と考える人がいます。実際には、貸さないようにしても忘れ物が減ることはありません。かえって、授業に参加できず、ぼんやりと過ごす時間ができるだけです。子どもによっては、ひまな時間になり、隣の子の邪魔をしたりすることさえあります。それよりも、困ったときにどう問題解決するかが重要です。

忘れ物を少なくするためには、周囲の声かけとひと手間が必要です。少しずつ忘れ物が減っていけば、「この方法が自分に合った方法」だと気づくようになるでしょう。保護者に助けてもらっていた部分をだんだんに自分白身でできるようにしてレベルを上げていきます。焦らず根気よく取り組んでいくことが大事です。

先生、相談です。

家庭生活編

小1 男子

自閉症スペクトラム

通常の学級に在籍

20 偏食で果物や野菜を食べません。給食も苦痛のようです

うちの子は、偏食がひどいのです。家でも、白いごはんにふりかけか黒ごま、鮭フレーク、カレーライス、うどんは喜んで食べますが、ほかのものは、どんなにおなかがすいていても食べません。果物や野菜はまったく食べません。なので、給食の時間が苦痛のようです。どうしたらいいでしょう。

感覚的に受け付けない?

自閉症スペクトラムの子どもには偏食が多いものです。感覚の異常が原因のようです。味やにおい、舌触りなどに敏感で口に入れた瞬間にいやな感じがするという子、逆に鈍感なためにおいしさを感じないという子など。また、こだわりから知っている味しか食べない、初めてのものには手をつけないという食わず嫌いもいます。

学校での偏食指導は困難だけれど

学級担任は、通常は、子どもが食べられる量に減らすことはしますが、盛り付け

られた量は食べるように指導します。

学級の中では、苦手なものをがんばって食べている子どももおり、アレルギーでもないのに特定の子に対して「苦手なら食べなくてもいい」という指導はなかなかしにくいものです。また、多くの場合、全部食べたらお代わりをしていいというルールになっていることでしょう。食べられるものだけをお代わりするということは、よほど周囲の子どもたちの理解が必要でしょう。

しかし、家では絶対に食べないけれど、学校のほうがほんの少しでもがんばっているという報告もよく聞かれます。まわりの子の励ましや、食べているようすが刺激になるのかもしれません。

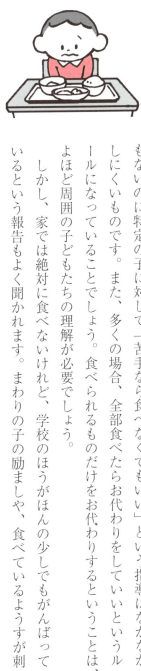

メインは家での取り組み

時間をかけて取り組めるのはやはり家庭においてです。少しでも食材の種類と量が増えるように取り組んでみましょう。

まずは、苦手なものへの取り組ませ方ですが、「これくらいは食べなさい」と大人のほうで決めるより、「どれくらい食べる？ 自分で決めなさい」と自分で食べる量を申告させるほうがうまくいくようです。低学年の場合は、それよりももう少し少ない量になるように減らしてあげます。低学年の子は、自分がどれだけ食べられるか判断することが上手ではないからです。結局残してしまい、残念な気持ちに

なるより、ものすごく少ない量でも、全部食べたという事実が、子どもを元気にします。そして、食べきったら、好きなものをお代わりをしてもいいことにします。

食べる量や大きさの決め方は…

偏食の子の多くは、自分の苦手な食材に目が行きます。「○○が入っているので、無理」「○○は、食べられない」のような状況です。全体の量だけを減らしても、なかなか箸が進まないのはそのせいです。

苦手なものは、食べる量だけでなく食材の大きさも自分で決めさせます。耳かきに乗るくらいの大きさでも、いいことにします。「それだけ!?」「もっと食べなさい」などとは言いません。スープや牛乳などはなめるだけというレベルから始めるくらいでいいでしょう。

がんばったことは目に見える形で評価する

そして重要なのが、がんばったことを目に見える形で評価することです。私たちの学級では、「がんばりカード」を作って、食べた食材の数だけポイントをあげ、20個たまったら賞状をあげることにしたところ、少しずつ食べられる食材が増えてきました。

もちろん、口の中に入れるまでに葛藤があり、時間がかかるし、すぐにはたくさん食べられるようにはなりませんが、口の中に入れられる食材が増えたり、いつの間にか、食べる大きさが大きくなってきたりしています。なにより、給食の時間がただ苦痛なだけの場面ではなくチャレンジする場面に変化してきました。

褒美は小さな楽しみの範囲で

もし、家庭でがんばって食べたことへのご褒美をあげるなら、「何か買ってあげる」「○○へ連れて行く」などの大きな「取り引き」ではなく、子どもが努力を継続できるような、小さい楽しみでいいでしょう。「子どもの好きなシールを1枚あげる」などはどうでしょう。

担任の先生にも理解してもらえるようなら、学校と家庭と足並みをそろえてやってみることをお勧めします。

先生、相談です。

家庭生活編

小2　女子

自閉症スペクトラム＋ADHD

通常の学級に在籍

21 食事中に空想の世界に入ってしまい、なかなか食べ終わりません

偏食もありますが、食事がなかなか進みません。ずっと、しゃべったり、食べ物で遊びだしたりします。どうやら、自分の物語の世界に入ってしまうようです。「早く食べなさい」と言うと、ほんの少し口の中に入れますが、また、空想を始めます。学校の給食も、最後になってしまうと担任の先生に言われました……。

空想の世界に入るのはどんなとき？

空想の世界に入ってしまうのは、おそらく食事のときだけではないのではないでしょうか。

気の進まないことをしているとき、今何をしたらいいのかわからないとき、自分の番を待っているとき、自分にあまり関係がないとき（長い説明を聞かされているときなど）、次の行動の見通しがもてないときなど、空想の世界に入りやすいものです。

まずは偏食への対応を

偏食のある子どもは、食事自体が気の進まないことなので、空想の世界に入ってしまうのでしょう。まずは、偏食への対応をします。

苦手な食材を極端に減らして、がんばる量の見通しをもたせます。苦手なものに先にチャレンジさせ、それを食べたら、自分の好きなものを食べていいことにします。この場合、苦手なものと好きなものは一緒に出しておいてください。

そして、終了の時間を決めて、「○分までに食べてね。どんどん食べることをがんばって。それが過ぎたら残っていても片づけますよ」と予告しておきます。

時間が来たら予告どおり片づける

時間が来たら、予告どおりにきっぱりと片づけることがポイントです。苦手なものをほんのちょっぴりがんばったら、自分の好きなものを食べられる、でもぼんやりしていると時間が来て食べられなくなる、というパターンをつくるのです。

はじめのうちは、時間までに食べられず、取り上げられたときに「食べる、食べる」と大騒ぎになるかもしれません。そのときは、「だって、時間になっても食べ終わらなかったじゃない！　じゃあ、早く食べなさい！」と批判したり叱責したりせず、静かに顔を見つめ、クールに「どういう約束だっけ？」と確認しましょう。

約束を言えたら、「じゃあ、再チャレンジしてみようか。あと5分でいいかな？

○分までね。もし食べられなかったらどうする？」と子どもの考えを聞き、「食べられないときは、今日の分は終わりにするよ」と再提案します。

ほめてがんばりを強化、声かけで空想の世界から引き戻す

もう一つのポイントは、苦手なものへのチャレンジができたときは、大いにほめるということです。食べるのはいやだったけれど、そのあとに「ほめられる」といういいことが起こったことで、がんばりが強化されます。次にすかさず「じゃ、次は好きなものをどんどん食べましょう」と声をかけ、時間までに食べきるよう促します。

空想の世界に入りそうになったら、「これおいしいね」「どんどん食べているよ」「すごい、モリモリ食べている」「手が止まっていないね」「何口食べた？」「あとどれくらい？」など声をかけて促します。こうした声かけは、空想の世界から引き戻すのに大変有効です。

食べ方にこだわりがある場合は…

時間がかかるもう一つの原因に、食べ方もあります。こだわりのある子どものなかには、ほんの少しずつ食べる子がいます。一口の量を教え、箸でつまんだりスプーンですくったりさせます。それは全部口の中に入れるように教えます。いつまで

も口の中で咀嚼《そしゃく》している場合がありますが、「20回かんだらのみ込む」のように具体的な数字を示すなどして、食べ方のルールを決めてうまくいったケースもあります。

食事に集中できる環境にすることも大事

また、注意集中の問題や衝動性の問題のある子どもの場合は、当然、テレビがついていたりゲーム機など気が散るものがそばにあったりすることは、望ましくありません。食卓が片づいていないために、そこにあるものが気になって遊んでしまうこともよくあることです。食事に集中させたいのなら、気が散るものを遠ざけることが重要です。

先生、相談です。

家庭生活編

小５ 男子

ADHD

通常の学級に在籍

22 宿題をやらせるのが大変で、毎日深夜までかかります

毎日、宿題をやらせるのが大変です。５年生としては多くない、と担任の先生は言っていますが、集中が続かずだらだらと11時までかかります。漢字を3個と算数のプリント1枚、それと日記です。漢字にいちばん時間がかかります。どうしたらいいのでしょうか。

さまざまな苦手さゆえ

気が散りやすく、集中時間が短い、落ち着きのないADHDの子に、一定時間座らせて宿題をさせることは、なかなか大変です。「早くやりなさい」「いつまでやっているの」の言葉かけの繰り返しになってしまいますね。

ADHDの子は、多動、衝動性、不注意などの困難のほかに、文字を書く、文を組み立てる、視線を滑らかに動かして文字を読む（ものを見る）などの面で苦手さがある場合が多いようです。さらに、時間をマネジメントしたり取り組みの順番を考えて実行したりする力が弱いものです。

環境を整えることが手助けになる

家の中には、子どもの気を散らすものがあふれています。漫画本やゲーム、テレビ、おもちゃ、お菓子など。自分の好きなものは近くにあるし、5年生にもなれば、家族の誰かが近くで宿題のようすを見守っているということはまずありません。「宿題はやったの!?」と声をかけるだけになっているのではないでしょうか。

集中して何かに取り組ませるときは、まず、どういう場所で取り組ませるかが大事です。テレビがついている、ゲームをしている人がそばにいる、手が届くところに漫画本がある、などの状況は、本人に「非常に無理な我慢」を強いているような状況です。環境を整えることが、子どもの集中の手助けになります。当然、テレビが見えない、ゲームや本が目に入らない場所にするのがいいことになります。

テレビのない部屋に行って始める

でも、そういう部屋の設定が可能な家庭ばかりではありません。しかも、5年生の子が宿題をするのに全家族が協力できるとは限りません。中学生のお兄さんは、塾に行くまでの間にゲームをしたいかもしれないし、小さい子はテレビを見たいと泣くかもしれません。そこで、テレビがある部屋でほかのきょうだい、家族は過ごしてもらい、本人は、勉強を見守ってくれる人（多くの場合はお母さん）とテレビのない部屋で始めます。お母さんは、ほかのことをしていてもかまいません。

それが無理なら家族の行動が目に入らない位置に座らせ、お母さんは、自身の体がついたての役割になるように座ります。机の上は、勉強の道具だけになるように、一切のものを移動させるか箱に入れます。

得意なものから取り組みやすい形で

環境が整ったら、取り組む順番を本人と決めます。取り組みやすいもの、得意なものから始めます。通常、プリントの問題は、小さな字でたくさん載っています。集中が短い子はそれを見ただけで気持ちが萎えてしまうものです。文字が一度に目に跳び込んでくるからです。さらに、たいていの子が、視線をスムーズに動かすことに苦手さがあります。順番に取り組んでいるつもりでも、答えを書く欄がずれたり、問題を抜かしたりしてしまいます。そこで、下敷きや厚紙でほかの問題を隠して、一度に見える問題数をコントロールするといいでしょう。

苦手な漢字の取り組みは…

苦手な漢字を、繰り返し書く宿題のできばえは、ため息が出るほどかと思います。でも、全部きれいに書くことを要求すると、モチベーションが激しく下がってしまうでしょう。なので、あまりにひどい文字だけを、いくつか選んで直させるようにします。「この文字だけ直して」と消しゴムで消してノートを渡します。集中が切れているときは、不器用な子は消しゴムで消すこともうまくいかないものです。せっかくがんばったのに、書けた文字まで消してしまうのでは残念ですから。

始まりと終わりを決め、その計画を意識させる

いちばん大事なことは、始まりの時間と終わりの時間を明確にすることです。「宿題はいつから始めるか」「終わりをいつにするか」を決めたら、それぞれの課題をどれだけの時間をかけて取り組むか、を決めます。計画を立てるのは苦手なので、はじめは保護者が一緒に考え、ホワイトボードにでも書いておきましょう。

一つ終わったら、コップ半分の飲み物や小さなお菓子をあげたりして休憩させ、気持ちを切り替えてから次の課題に取り組ませます。過集中といって、集中しすぎても、その後の行動がコントロールできない状態になることがあります。注意集中の振り分けが苦手なので、休憩を適宜とりながら取り組ませることが大切です。

こうした取り組みが定着するためには、すべて計画どおりにきちんとできたかを評価するのではなく、決めたことを子どもがどれだけ意識してやっているかを大事にします。やる気を引き出すのに、即時のプラス評価は有効です。子どもが自分の行動をコントロールできるようになるまでには、周囲が根気よく支援することが必要です。

先生、相談です。

家庭生活編

小2　男子

ADHD

通常の学級に在籍

23 留守番ができるようにさせたいのですが…

子どもも2年生になりました。用事があるとこれまでは一緒に連れて歩いていましたが、そろそろ家で留守番ができないかと考えています。どういうことに気をつけ、どういう手順で進めたらいいいですか。

まずは1〜2時間、留守番中にすることを決めて

とても上手に進めた人がいます。同じ小学校2年生の男子の保護者です。最初は、1〜2時間の短い時間から始めました。その時間にやることとその順番を子どもと一緒に考え、一覧表にしました。それを留守番のあいだに順番に行っていると、ちょうど時間が過ぎるというわけです。

たとえば、宿題をする、本を読む、ゲームをする、テレビを見る、おやつを食べる、好きなことをする（折り紙、絵を描くなど）というような内容です。内容はどれも、子どもが一人でできる、簡単で、危険のないものです。

危険回避の約束事を確認して

次に確認しておくことは、危険回避のための約束事です。

①電話がかかってきても出ない。留守番電話に切り替わって親の声がしたら出る
②玄関のインターフォンが鳴っても出ない
③お友達は家の中に入れない
④地震が来たら、扉を開けてトイレに逃げ込む
⑤困ったことがあったら、親の携帯電話に連絡をする

練習を積んで少しずつ長く

以上のことをしっかりと子どもと確認し、留守番をさせました。はじめのうちは、不安な気持ちもあり、困ったことが起こったわけでもないのですが、たとえば「地震のときは、トイレだよね」のような確認の電話が何度かかかってくることがあったようです。しかし、それも、留守番の練習が進むにつれ少なくなっていきました。

はじめから、長い時間の留守番は無理でも、短い時間で少しずつ過ごし方を練習していくことで、だんだんに時間を長くすることができるようになると思われます。

帰宅後に確認、がんばりをほめる

帰宅後は、スケジュールの一覧表を見ながら、きちんとクリアできたか子どもと

一緒に確認しましょう。
もし、スケジュールどおりに進んでいなかったとしても、そのことは特に問題はありません。宿題をしたあとにテレビを見た、本を読んだあとにおやつを食べた、のようにONとOFFを組み合わせて時間を過ごしていることがわかったら、大いにほめましょう。「上手に時間を使って過ごしたね！」と。

約束5項目の確認も必ず

危険回避の約束事5項目については、必ず、一つずつしっかりと確認し、できていたら「今日のお留守番は合格！」と太鼓判を押してあげたいものです。

長時間の留守番がたびたびになる場合は、留守番のたびに友達と遊ぶことができないのではちょっとかわいそうですね。大人がいない家に友達を呼んで遊ぶことは、防犯と事故対応という理由で「だめ」だけれど、時間と場所が明確で、鍵の取り扱いに不安がないようなら、外遊びや（大人のいる）友達の家での遊びも許容の範囲となるでしょう。

留守番中の友達との遊びをどうするかも、きちんと決めておくといいと思います。

コラム

電話でこんな失敗も

高学年の子の自宅に、用があって夕方学校から電話をしました。

「○○さんのお宅ですか?」

「はい、○○△男です」

なんと、うっかり自分の名前まで答えてしまうではありませんか。緊張していたのかもしれません。

「△男君。伊藤先生です。名前まで言わなくていいよ。お母さんはいますか?」

「あっ、伊藤先生? 今、お母さんはトイレに入っています。長くなるんじゃないかな。一度入るといつも長いから。この間も……」

その直後、あわてて受話器を奪い取ったお母さんが「まったくもう、何でも話すから、恥ずかしい!!」と、プチパニックだったことはいうまでもありません。

先生、相談です。

家庭生活編

小4 男子

ADHD

通常の学級に在籍

24 長期休暇の過ごさせ方に悩みます

共働きです。夏休みなどの長い休みになると、どんなふうにして過ごさせるかが悩みの種になります。家にいる時間が長くなり、所在ないのも心配ですが、自転車で友達の家に遊びに行っては迷惑をかけているようです。家にいるときはゲームばかりしているようです。当然、休みが終わっても宿題は終わりません。

休み前に話し合い、過ごし方を決める

大人のいないところで、長い時間子どもだけで過ごさせるのは心配ですね。乱暴な言い方ですが、トラブルがあったとしても、大人の目のある学童保育に行っているほうが保護者にとっては安心です。でも、学童保育は学年の制限がある場合が多いものです。一定の学年になると退所する必要があります。両親が働いている場合は、日中子どもだけになってしまうというケースは多いものです。

そこで、夏休みなど長い休みの前に、子どもとよく話し合って、過ごし方を決めましょう。

計画を立て、実行する力を育てるつもりで

ＡＤＨＤの子どもは、自閉症スペクトラムの子と違って、パターンがなかなかできません。やらなくてはとわかっていても、ほかのことに気を取られたり、今やるべきことではないことを優先させたりすることが多いものです。したがって、計画を立ててもなかなかそのとおりには進みません。

でも、計画を立て、そのとおりに実行する力は、今後もずっと必要な力なので、時間をかけてできるようにしていくというつもりで取り組ませます。

保護者がいない日中の流れを決めておく

朝は、基本的に学校に行っているときと同じような流れにします。保護者がいるあいだに必ず起こして、朝食を食べさせます。

保護者がいなくなってからの流れを決めます。計画は、何時になったら何をするなどのように、きちんと立てすぎても実行が難しいので、融通が利くようにします。「お母さんが帰ってくるまでの間に、これだけのことをする」というような考えでいいかと思います。たとえば、「学校のプールに行く」「昼ごはんを食べる」「宿題をする」「ゲームをする」「花に水をあげる」のような内容です。

これらのことを、百円均一ショップなどで買ったホワイトボードに、前日のうちに子どもと一緒に書きます。学校のプールや習い事のように時刻が決まっているも

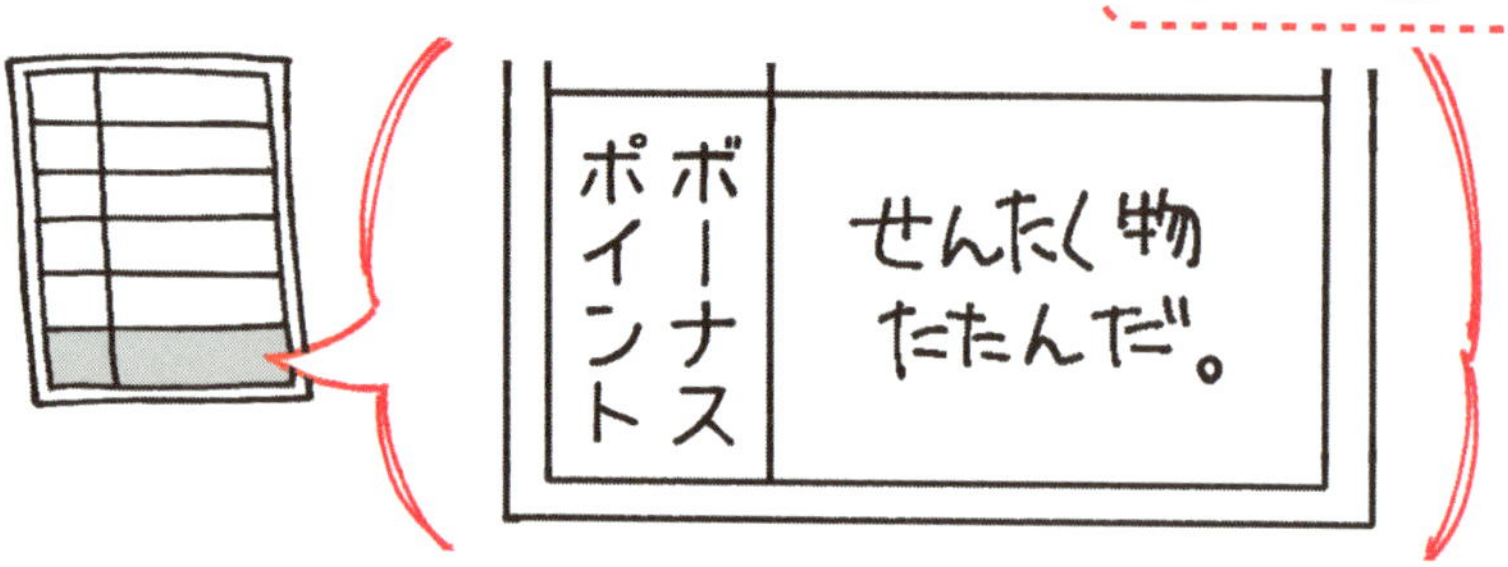

のについては、時刻も横に書いておきます。宿題に関しては、何をやるのかを書いておきます。そして、ホワイトボードはよく目につくところに掲げておきます。

当日、子どもは、やった項目に丸をつけていきます。

決めた以外のことを書く欄を設けて

もう一つ試してほしい方法があります。保護者と予定として決めたことのほかに、自分で考えてやったことを書く欄を設けておくことです。

手伝いでも宿題でも、予定外のことです。これについては特典を与えるなどの方法をとります。その特典は、大げさなものではなく、小さいけれど子どもが喜びそうなものです。4年生くらいになら、お手伝いなら「1つ5円」、宿題なら「小さなお菓子1個」くらいでいいのではないかと思います。

子どもは、決めた内容を自分のペースでこなしていきます。さっさとやって自分の自由な時間を増やすように作戦を立てるかもしれません。時間の使い方は子どもに任せます。

保護者は、帰宅したら必ず、子どもの今日一日を確認します。ホワイトボードを見ながら、子どもから報告を受けますが、それだけではなく実際に確認して、きちんとほめるようにします。そして、また一緒に翌日の計画を立てます。

大人がいない家でのルールを決めておく

何をして過ごすかについては今述べたような取り組みにしますが、大人がいない家での過ごし方のルールを、きちんと決めておくようにします。

いくつか例を挙げると、友達を家に入れない、宅急便などの配達は受け取らない、かかってきた電話には出ない、出てしまったときは「○時にもう一度電話してください」と伝える、電話で何か聞かれても「僕はわかりません」と必ず答える、ガスレンジは使わない、出かけるときは火と電気と鍵を確認する、などです。

これらは、子ども本人と家を守るうえで重要だということを伝えましょう。

トラブルへの対応についても確認

さらに、買わないのにコンビニエンスストアに行かない、友達にお金を貸さない・おごってもらわないなど、考えられるトラブルに対する対応策もきちんと確認しておく必要があるでしょう。

心配なことは次々とわいてきます。ただし、たくさん言っても、子どもは集中が続かないので、最後のほうは返事だけになってしまうかもしれません。翌日の予定を見ながら、いちばん伝えなければならない内容を選択することが大事です。

先生、相談です。

家庭生活編

小3 男子

ADHD

通常の学級に在籍

25 小遣いは必要なのでしょうか

小遣いをまだあげていません。どのくらいあげたらいいのでしょう。お年玉の一部を渡したときは、一日中財布を持ち歩き、一日で使い切ってしまいました。お菓子や学校で必要なもの、本などは親が買ってあげているのですが、そもそも小遣いは必要なのでしょうか。

どういう使わせ方をするかによる

小遣いは、発達障害のある子どもたちに限らず、どれくらい与えるのがいいか、親としては迷うところです。面談などで保護者の話を聞くと、１００円×学年というケースが多いようです。３年生なら３００円という金額です。

また、家の手伝いをした場合に、その対価として渡している家庭もあります。一つの手伝いに対して、５円とか10円とかの金額です。それを多いと見るか、少ないと見るかは、どういう使わせ方をするかによるでしょう。

小遣いを与える家庭は、お金の使い方や管理の仕方を学ばせたいと考え、手伝い

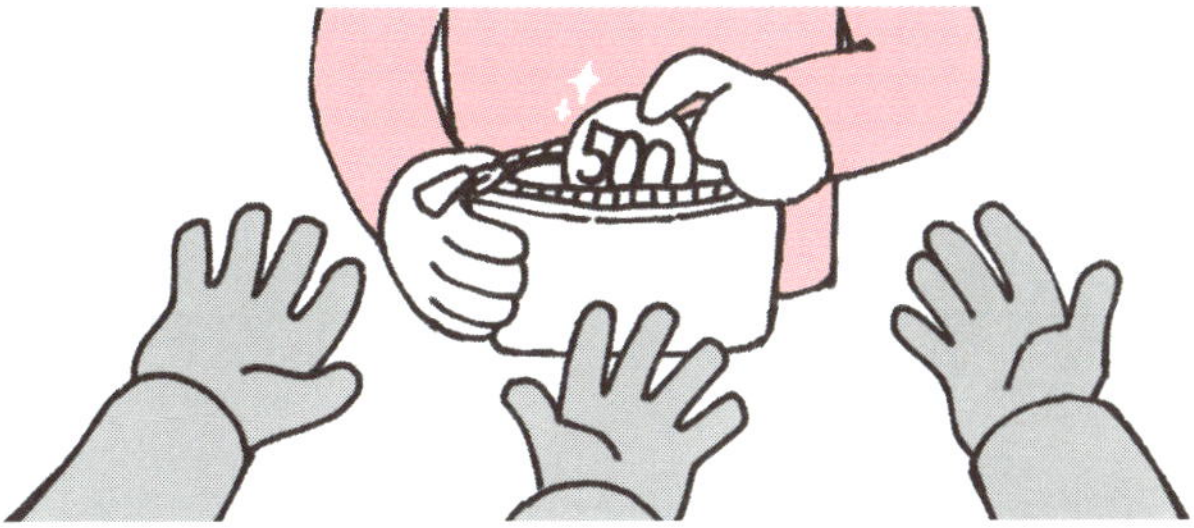

の報酬として渡す家庭は、お金をもらうことの大変さを知らせたいという考えがあってのことです。小遣いを渡す必要性、渡す名目や金額は、それぞれの家庭の考え方に沿って、子どもとしっかり話し合って決めることが大切です。

小遣いがトラブルのもとになることも

小遣いを持たせることで、トラブルになることも実は多いのです。たとえば、子ども同士で遊んでいる最中、駄菓子屋やコンビニエンスストアに行って、お菓子を買うときに、お金を持っていない子におごったり、自動販売機で飲み物を買ってあげたりと、気前よくふるまったりします。

「自分だけで飲んだり食べたりはできないから、友達に買ってあげるのはいい」と考える人もいるかもしれませんが、それだけではすまないこともあります。ほかの子のためにお金を使うと、「ありがとう」と言われたり、おねだりされたりして、友だちが増えたような錯覚に陥ります。気前がよくなり、自分の小遣いだけでは足りなくなって、もっとお金が欲しくなったりします。同じ子が何度も「おごって」と言ってきて、断れないケースもあります。

あるいは逆に、お金を持っていないために、友だちにしつこくねだってしまうトラブルもあります。

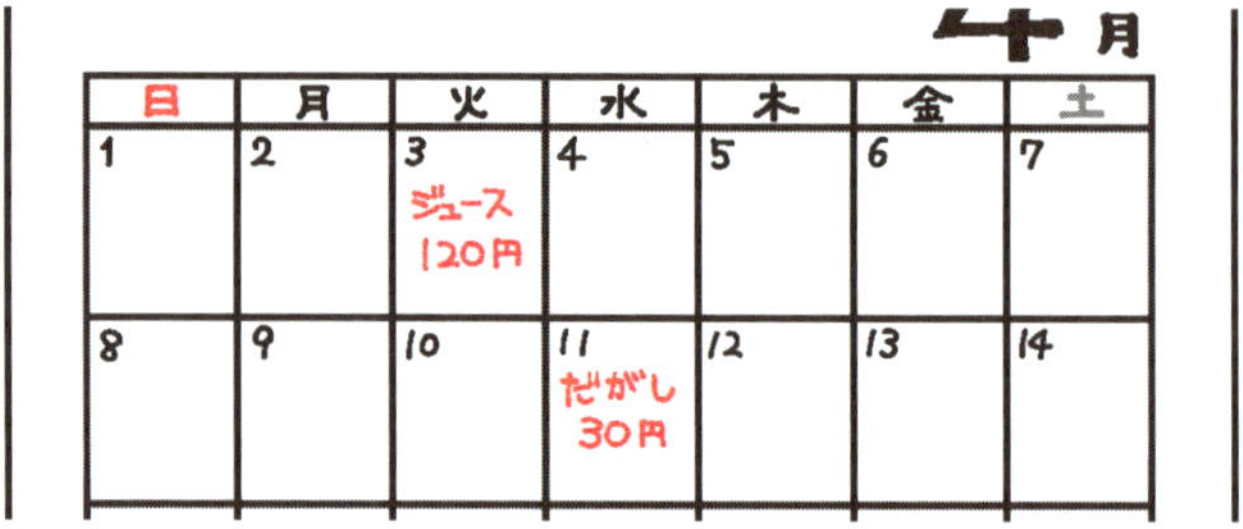

貯めておく入れ物と持ち歩く財布とに分けて

まず、小遣いは「友達におごったり、おごられたりしない」「遊びのときに持っていくお金は、○を買うだけの金額にする」などを前提とし、貯めておく入れ物と、持ち歩く専用の財布を分けておくといいようです。そうしないと、あるだけのお金を持ち歩くことになりますから。

また、財布からのお金の出し入れにも落とし穴があります。財布から出すときに硬貨をわしづかみにして出したり、財布のふたやチャックを閉め忘れたりすることが多く、お金をよく落とします。お金はつまんで出すこと、出したらすぐにふたやチャックを閉める癖をつけることなど、教えることはたくさんあります。

小遣い帳などでお金の管理へと

子どもの能力に合わせて、小遣い帳に使った金額を記録させることも、お金の管理のいい勉強になります。

ＡＤＨＤの子は、ノートにきちんとつけるのは苦手なので、カレンダーの余白に書かせるのはどうでしょう。「おかし　１０８円」のように。とにかく、「きちんと」より、「簡単」「続ける」を重視しましょう。

能力に合った与え方になっているか…

「自分でお金を管理しなさい」「自分で考えてお金を使いなさい」と丸投げしたり、自分のものは何でも小遣いで買うようにと、たくさんのお金を渡し、学校で使うものも買わせたりする家庭もあります。

いろいろなものをすぐになくすので「自分で買わせれば、少しは物を大切にするだろう」と考える場合もあるようですが、物の管理が自分のお金で買うというルールに追いつかず、必要なものがないままで過ごすことにもなりかねません。

まずは大人が一緒について

ADHDの子どもは、計画を立てたり見通しをもったりして行動することが苦手であることを理解し、お金の使い方のルールを明確にしたり、欲しいものと残高の確認を大人も一緒に行ったり、預金ができたときは一緒に喜んで、お金を大切に使う意欲をもたせたりすることが重要でしょう。

日常生活の中では、買い物に一緒に連れて行き、お店で品物の値段に関心をもたせて、何にどれくらいお金がかかるのか確認させる機会をもったりするのもいいと思います。

先生、相談です。

家庭生活編

小3　男子

自閉症スペクトラム

通常の学級に在籍

26 褒美としてお金を与えてもいいものでしょうか

本人の勉強の意欲を引き出すために、ご褒美をあげるといいと聞きました。物で釣るのはどうかと思うのですが、テストでいい点を取ったときに、お金をあげるというのでもいいのですか。

子どもの意欲につながるが、こだわりの助長に注意

子どもが、苦手なことにも意欲的に取り組むために、褒美を使うことは間違った方法ではありません。どんな子も、いいことが待っていることでがんばれるものです。ここで、気をつけることは、どんながんばりに対してどういう褒美を与えるかということです。

相談では、テストの点数に対して褒美をあげるとしています。自閉症スペクトラムの子どもは、どちらかというと点数にこだわる傾向があります。一番になりたい、100点を取りたいということにこだわる子が多いのですが、いかがですか。自分

で設定した点数に到達しないと不安定になったり、何が何でも１００点を取りたくて、×をつけられることを不満に思ったりしませんか。

今、それほどではなくても、こだわりがあるお子さんなら、テストの点数にこだわらせることは得策ではありません。こだわりのある子のなかには、点数にこだわり、思いどおりにならずに、つらい思いをしている子がたくさんいるからです。

勉強の習慣のためにはお金でなく…

さて、保護者は、本当にいい点数に対して褒美を与えたいのでしょうか。

子どもががんばって勉強をしたことに対しての褒美なら、お金ではないほうがいいと私は考えます。勉強は習慣化させたいですね。たくさんの量でなくてもいいので、毎日取り組むことができるようになったら、その取り組みの姿勢はこれからの生活の中でいろいろ役に立つことになるでしょう。

そこで、帰宅後の過ごし方を子どもと一緒に考え、決めたように過ごすことができたら、褒美を与えるということにしたらどうでしょう。その場ですぐに与えることができるもの、小さいけれど、子どもが喜ぶもの、たとえば、シールやポイント、花丸、ちょっとしたお菓子などでうまくいっている家庭もあるようです。

ただし、シールやお菓子は、同じものばかりだと魅力がなくなります。選択肢の種類をときどき変えて、「何があるのだろう?」とわくわくさせることがポイント

です。

がんばりへの称賛をしっかり行う

そして、できてあたりまえ、やってあたりまえと思わず、がんばったことに対しての称賛をしっかり行うことが重要です。

ほめているようでほめていない、次のような言葉に注意しましょう。

・やればできるじゃないか
・これからも、しっかりやりなさい
・終わった？　じゃあシール（お菓子）とっていいよ

いずれも、子どもの、がんばりを認めていません。では、次の言葉はどうでしょう。

・終わった？　やったね！
・すばらしい。「続ける」ができているよ
・勉強が終わった人には、ご褒美です！

勉強をすることができたこと、勉強するという習慣を続けることができているということを、きちんと評価していくといいでしょう。

[上手なほめ言葉・ほめていないほめ言葉]

上手なほめ言葉	ほめていないほめ言葉
・大成功‼ ・よくがんばりました！ ・自分の気持ちをコントロールしてやりきったね ・決めたとおり、できたね ・○は苦手だったのに、よくがんばったね ・なかなかやるねぇ‼ ・がんばりが続いているね。すごいよ ・この漢字は丁寧に書けているよ ・集中していたの、よくわかったよ ・レベルアップしたなあ	・まあまあかな ・本当は頭がいいんだから ・うーん、これで精一杯かな。よし ・まあ、いいか。これでいいことにしよう ・もう少し、できるんじゃない？ ・終わったね。随分時間かかったけど ・○ちゃんにしては、できてるね ・この次はもっとがんばれるね⁉ ・もっとがんばれる力があるはずだよ

先生、相談です。

家庭生活編

小5 男子

ADHD

通常の学級に在籍

27 ゲームばかりしていて、やめられません

3年生のときに、子どもにねだられてゲームを買いました。買ったときに、ゲームの時間を1時間とし、それ以上やったら没収という約束にしましたが、まったく守れません。ゲームばかりしていて、宿題をする、食事をする、風呂に入るなど日常生活のあたりまえのことをすぐにやらないのです。どうしたらいいですか。

特性からゲームにもはまりやすい

ゲームの時間が長すぎる、ゲームばかりでやるべきことをやらない、寝床の中でもやっているなど、ゲームに関する保護者からの相談は、特に高学年で大変多くなっています。

発達障害の子どもは、1つのことに集中しすぎる、自分の行動にストップをかけたり、次の行動に切り替えたりすることが苦手である、行動の優先順位をつけることが苦手である、などの理由からゲームにはまりやすい傾向があります。

いま一度ルールの確認を

さて、ゲームを買ったのは、保護者です。厳しいことをいうようですが、ゲームにはまってしまうとわかっていながら買い与えてしまいました。つまり、子どものせいばかりでもありません。

ここで、もう一度、ゲームの使い方のルールを確認したらどうでしょう。

自分でルールを決めさせ、責任をもたせる

高学年の場合、ルールを決めるときのポイントは、保護者が決めるのではなく、子どもが自分で考えて決めることです。「ゲームの時間を2時間にする」と保護者が決めるより、「ゲームは一日1時間やらせてほしい」というように、子どもに考えさせることです。

どんなに子どもにとって有利な条件でも、保護者が決めたルールは保護者からの押しつけです。守れなくても「本当はもっとやりたかった」『お母さんが勝手に決めた』と言い訳をします。なので、自分で考え、自分で決めさせます。そして自分が決めたルールには責任をもたせましょう。

ルールづくりに考慮すべきは…

考えさせることは次の事柄です。

①学校から帰って寝るまでの時間がどれくらいあるのか
＊就寝の時刻は決めておく
②何にどれくらいの時間がかかるのか、かけるのか
＊宿題、食事、お風呂、テレビ、塾（習い事）、友達との遊びなど
＊あまりに甘い見通しのときは、通常どのくらい時間がかかっているか伝える
③ゲームにどれくらいの時間をかけていいのか
＊ゲームの最高時間を決める（それ以上はやらない）
④超過してしまったときのペナルティーは何か
＊自分で申請する
＊どうやったらうまくいくか、その方法を考える
⑤その他のルールの確認
＊やるべきことを一覧表にしてチェックする
＊やってはいけない時間帯や場面はいつか（例：朝、食事中、歩きながらなど）
＊どうしても守れないときは、再度一緒に考える

以上の順番で考えさせ、必要なことを決めたら、紙に書いて貼っておきましょう。

不満やルール違反には毅然と対応

しばらく続けていると、友達はもっとやらせてもらっているとか、やりたいところまでできなくてつまらない、などいろいろ不満を言うと思います。「でも、いろいろ検討して自分で考えて決めたことだよね。どうしてその時間に決めたのか理由があったはず。睡眠時間を短くすることは親として認めることはできないので、それ以外の方法で、お母さんやお父さんが納得する方法を考えなさい」と毅然とした態度で対応してください。

そして、どうしても守れないのなら、「自分をコントロールしてゲームをすることがまだできないのだね。ゲームで遊ぶには早いと判断せざるを得ない」と、しばらく預かることを宣言しましょう。「再度、自分で守れるルールを考えられるようになったら、お父さんやお母さんに話しなさい」と伝えてください。

中学生になるといっそう、ゲームの時間が伸びるようです。小学生のうちに、生活の時間を見直し、ゲーム以外の楽しみを見つけさせたいものです。

家庭生活編

小5 男子

ADHD

通常の学級に在籍

28 外に遊びに行くと、いつまでも帰ってきません

うちの子どもは、いったん外に遊びに行くと、決めた時刻までに帰ってきたためしがありません。出かけるときに、町で鳴らしているチャイムが鳴ったら帰ってきなさい、と確認し「遅くなったら家に入れない」と厳しいことを言っても、効果がありません。どうしたらいいのでしょう。

携帯電話で呼びかける

いったん決めたルールにこだわる自閉症スペクトラムの子どもより、多動傾向のあるＡＤＨＤの子どもは、決めた時間までに帰ってくることができず、保護者も困っているケースが多いようです。楽しいことに夢中になる、時刻を意識することが弱い、途中で切り替えることができないなどがその原因になっているのでしょう。

これまで、こうした相談に対して、まず試してみたのが、子どもに携帯電話を持たせ、時刻になったら携帯電話で呼びかける、という方法です。夢中になって遊んでいる子どもに直接呼びかけることで、時刻に気づかせ、行動を切り替えさせるに

はとてもいい方法です。

言い訳や正当化で抵抗しても譲らない

しかし、なかには「今帰る」と返事をしておきながら、その後も遊び続けていた強者もいました。こうなると、何回携帯電話で呼びかけてもうまくいきません。

また、約束の「チャイム」が鳴っても、遠くにいるときは、決めた時刻までには帰れないと言い訳をします。

高学年になると、このように、自分の行動を正当化しようといろいろ理屈を言うようになります。このことは成長の表れでもあるのですが、だからといって、子どもの言い分を鵜《う》呑《の》みにすることも、遅くまで遊ぶことを許すわけにもいきません。

閉め出す荒療治より話し合いを

なかなか言いつけどおりに帰宅しないからと、玄関に鍵をかけて締め出すという荒療治は、あまり効果がありません。家に入れないために、またどこかに行ってしまう子どももいます。「だって、家に入れなかったから」と言うでしょう。家族がどういう考えでそうしたかより、入れないという事実に対して、衝動的に行動してしまいます。事件に巻き込まれてしまうこともあるので、得策ではありません。

子どもの安全が最優先です。どうすればいいのかをよく話し合って決めることの

ほうが、効果が出るまで時間がかかったとしても、適切な方策を習得するうえでは現実的で有効です。

まず、帰宅時刻の約束

子どもと確認し合うことは、まず帰宅時刻です。学校で決められている時刻を優先しますが、もし、どうしても幅をもたせてほしいというのであれば、10分程度とします。次に、何分前に携帯電話で予告してほしいかを決めます。

携帯電話が鳴って帰宅時刻の予告をされたら、何時何分にそこから帰り、何分頃に自宅に着くのか、見通しを伝えることをルールとします。もちろん、幅をもたせた帰宅時刻内に家に到着するように考えることは当然のルールです。

「自分で決める」「守りきる」を貫かせる

ルールは一つずつ、できるかどうか子どもに確認しながら決めていきます。もし、できそうもないと言うのなら、どういう理由でできないのか、どういう方法ならできるのか、具体的に考えさせます。無理のない実行可能な方法なら子どもが提案した方法でやってみましょう。本人が「やってみる」「できる」と言った内容で取り組ませます。そして、いつでも確認できるように、自分で紙に書かせます。

もし、実際にやってみてうまくいかなかったとしたら、その原因を考えさせ、方策を考えさせます。「自分で決めたことを守りきる」という姿勢を貫かせましょう。

一緒に遊ぶ相手が原因のときは…

遊んでいる友達との関係が原因で時刻までに帰れないケースもあります。途中で抜けると「ずるい」と言う子がいます。そのために、なかなか「帰る」と言えないのです。そこで、遊ぶ前に、①何時までなら遊べること、②時間になったら抜けること、を伝えておくといいと教えます。また、必ず相手の名前を呼んで「電話がかかってきたから、あと○分したら帰る」という言い方で伝えること、そうすれば、勝手に帰ったと思われないと教えます。

担任に指導を託すほうがいいことも

それでも帰してくれない友達なら、担任の先生に伝えて、指導をしてもらうようにします。本来なら、どの子も帰るべき時刻なのに、帰らずにいることのほうがおかしいからです。帰宅時刻の約束事を確認してもらいましょう。

なかには、家庭的な課題があって、帰宅したくない子どももいます。帰ろうとする友達を無理に引き留めているケースもあります。大きな問題が隠れていることもあるので、見逃せません。

先生、相談です。

家庭生活編

小1　男子

ADHD

通常の学級に在籍

29 お風呂はいつまで一緒に入っていいのでしょうか

一人っ子の男の子です。父親の帰りが遅いので、夕食後、母親と一緒にお風呂に入ります。まだ、1年生なので、体や頭を洗うのを手伝ってあげていますが、いったい、いつまで、一緒に入っていいのか迷っています。性的な関心のことも考えるとどうなのでしょうか。

1年生の終わりを目標にしては

お風呂で、自分の体や頭が洗えるようになるには、手取り足取りで教える必要があり、一緒に入って教えるほうが断然楽です。小さいうちは、男の子もお母さんと一緒に入っている家庭が多いようです。

お母さんと一緒にお風呂に入っていいのは何年生か。学年で区切れるものではありませんが、1年生の終わりを目標に、自分の体や頭は自分で洗えるようにしておくといいでしょう。それまでは一緒に入って、お風呂の入り方や、体の洗い方、ふき方などしっかりと教えましょう。

お風呂の入り方をひととおりマスターさせておく

なぜ、1年生かというと、自宅ではともかく、温泉などでお風呂に入るときに、小学生の男の子は女風呂ではあまり見かけません。おうちの人は平気でも、若い女性は男の子が入っていることに抵抗があるようです。

お母さん以外の男の人（お父さんはもちろん、一緒に旅行しているおじいさんや親戚の人）と、男風呂に入れるようにしておくといいでしょう。そのためにも、ひととおり、お風呂の入り方を知っていたほうがいいということです。

一人で入る練習に進む

さて、お風呂の入り方がわかったら、次の段階に移ります。「明日からは、一人でお風呂に入るよ」と予告し、「①体を洗う、②頭を洗う、③体をふく、④着替える、の4つをがんばって。1つ終わったら、お母さんが見てあげるから、『お母さん！』と呼んでね」と伝えます。はじめは洗い残しがあっても、大目に見ましょう。

自分の目で確かめることのできない体の部位は、どんなふうになっているか想像することができません。「ここに泡がついているよ」とその部分を触って気づかせます。自分でできた、という達成感をもち、この調子でがんばろうと思えるように、言葉かけをしましょう。

もちろん、お父さんと入ることができるのなら、そういう機会を大切にしてくだ

さい。毎回でなくても、休みの日や早く帰ってこられた日など一緒に入ることで、子どもの成長を確認することができるでしょう。

性的な関心の心配より、不適切な言動への対応が必要

さて、一緒にお風呂に入ることで女性に対する性的な関心をもってしまうかどうかについては、特に心配するようなことはないと思います。

でも、発達障害の子どもたちは、相手の立場でものごとを考えたり、自分の行動が他者からどう評価されるかなどの観点で想像したりすることが苦手です。思ったことを何でも言ってしまったり、深く考えずに衝動的に行動したりすることがあるので、そういう点では対応が必要です。

発達段階ごとにこんな不適切な言動が見られる

たとえば、低学年の子のなかには、先生に抱きつくだけでなく、お母さんにやるように先生の胸に思わず触ったりします。騒ぎ立てずにさりげなく「お母さんではありません。触らないでください」と伝えています。

ふざけて、ズボンを下ろしてお尻や前を見せたりすることもあります。みんなが騒ぐのを喜んでいるようです。学校では「プライベートゾーン」という表現で下半身はとても大事なところで、人に見せるところではないこと、だから下着をつけて

守っていることを話します。

中学年になると、卑猥《ひわい》な言葉を言ったり、体をくねらせて「いや～ん」などと言い、みんなを笑わせて得意になったりします。場をわきまえない言動の場合は「みんなは笑っているけれど、本当はとてもいやな、感じの悪い言葉（態度）だと知っていますか⁉」としっかり話をします。

発達障害の子は、高学年になっても男女の区別なく接しています。思ったとおり感じたとおりに接するので、悪気がなくても女の子には「うざい」「きもい」と思われることも多いようです。

異性に対するふるまいも教えていく

どの発達段階においても、かかわり方でトラブルがあったときは、その子のどういう行動が相手を不快にさせたのか、話をする必要があります。特に異性に対するふるまい方は、トラブルにつながる誤解を避けるためにも、わかるように具体的に教えましょう。

先生、相談です。

家庭生活編

小1　女子

自閉症スペクトラム

通常の学級に在籍

30 髪を洗うのをいやがります

髪を洗うときに大騒ぎになって困っています。シャンプーの泡で洗うところまでは、なんとか我慢しますが、お湯で流すときに、お湯が目に入る、口に入ると大騒ぎになります。シャンプーハットを使ってみましたが、本人はどうも気に入らないようで、使いたがりません。何かいい方法はありませんか。

ほかの保護者の例では…

自閉症スペクトラムの子どもでなくても、お湯や水が顔にかかることを怖がる子は多いものですが、特に感覚過敏があったり、不意打ちの状況に対応することが苦手だったりする自閉症スペクトラムの子どもにとっては、洗髪は、洗うほうも洗ってもらうほうも大変な騒ぎになります。先輩の保護者に、どのようにして洗っていたのか話を聞くと、次のようでした。

いくつかのステップを踏んで

体が小さいときは、大人の膝に抱いて上体を倒して仰向けにし、顔を見ながら、片手で子どもの耳を押さえて洗ったそうです。その後はシャンプーハットを使用した時期、顔にお湯がかからないように、頭だけを後ろに倒して静かにシャワーで流しておしまいにした時期を経て、だんだん洗うことに慣れていったとのことでした。

シャンプーハットが苦手な場合は、この、頭だけを後ろに倒して洗うという方法がよさそうです。自分で顔をタオルで押さえさせておけば、お湯もかからずにすむでしょう。

シャワーの音や水しぶきが苦手な子も

また、別の子の大騒ぎの原因はシャワーの音や水しぶきが当たる感覚でした。自分でその理由を言うまで保護者はまったく気がつきませんでした。

それからは、洗面器にお湯を張り、その中に自分の頭を入れたり、頭にお湯をかけたりして泡を流したそうです。シャワーを使わない方法をとるようになってから、自分で洗うことができるようになったとのことでした。

ゴーグルで解決した例も

著者がかつて特別支援学級の担任をしていたとき、やはり頭を洗うときに「目に水が入る！」と大騒ぎする女の子がいました。目をつぶるように言うと、「息がで

きない」と騒ぎます。目をつぶると息まで止めてしまうようでした。
あれこれ試行錯誤を繰り返し、たどり着いたのが、ゴーグルでした。
目にお湯が入らないので目をつぶる必要がありません。見えているので何が起こるかよくわかり、不安にならないようでした。しかも、目をつぶらないので、不必要に息を止めることもなくなりました。できるだけ、顔にかからないようにはしましたが、「前のほうを洗うよ。ちょっと息を止めて」と予告すると、落ち着いてそのとおりに準備して、頭全体を洗わせることができるようになりました。
この子も、その後は自分で洗うことができるようになりました。はじめは洗っているようすを見守り、洗いきれていない部分をちょっと触って、そこを洗うようにさせました。

道具はいろいろ試そう

道具はいろいろ試してみるにかぎります。初回はうまくいかなくても、時間をおいてまた使ってみると、うまくいくこともあります。ただし、道具を感覚的に受け入れられない子に力ずくで用いると、恐怖心だけが強くなり、いっそう拒否することになるので要注意です。

単に未経験のために大騒ぎしているのであれば、少々騒いでも使わせて「ほら、大丈夫だった」と気づかせると、受け入れられることもあります。

コラム

思わぬ副産物

この、ゴーグルを使ってうまくいった子には、後日談があります。

ゴーグルの使用は思わぬ効果がありました。あれほどプールに入ることをいやがっていたのに、ゴーグルを使えば目に水が入らないことがわかって、水の中に平気でもぐることもできるようになったことでした。

子どもは、一つの壁を乗り越えると次の壁をいとも簡単に越えてしまうことがあります。この子は、その後、人魚のようにバタ足で泳ぐことができるようになりました。

先生、相談です。

家庭生活編

小6 | 女子 | 自閉症スペクトラム | 通常の学級に在籍

31 入浴や洗髪を「面倒くさい」と言います

女の子ですが、お風呂に入ったり髪を洗ったりするのを「面倒くさい」と言います。「ちゃんと入りなさい」と叱っても、「あとで入るよ」と言って寝てしまいます。黙っていると、真夏でも何日もお風呂に入らなかったりします。「くさい」「汚い」と言っても、「うーん、わかってる」と言うだけで、なかなか改まりません。

入浴はさせたい

低学年のうちは、大人が一緒に入ったり、子どもをつかまえて無理にでも入らせたりすることはできますが、高学年になると、力ずくというわけにはいきません。言えば言うほど、怒り、ふてくされ、聞く耳を持たなくなる子もいるでしょう。

体が変化してくるこの年齢は、低学年とは異なる意味で体を清潔に保つ必要があり、入浴はさせたいものです。

「面倒くさい」の真意は?

まず、お風呂に入るのを「面倒くさい」と言っていますが、理由は本当にそうなのかを探ってみましょう。

子どもたちのなかには、感覚過敏があるために、シャワーの音や跳ねる感じがいやだったり、熱い湯船につかることが苦手だったりすることがあります。また、髪の毛をぬらすこと、ぬれた髪が顔に貼りつくこと、洗った髪を乾かすドライヤーの音や風そのものが苦手だったりすることもあります。浴室の中が湯気で暑くていやだと言う子もいます。

このように、「そんなことが？」と思うようなことが大きなハードルになっていることもあります。本人はそうした自分の感覚をうまく説明できずに、「面倒くさい」という言葉で表現しているのかもしれません。

理由に応じた対策を

もし、シャワーの音や当たる水の感触が苦手なら、湯船からお湯を洗面器にくんでタオルで洗う方法にしたり、湯船につかるのがいやなら、シャワーを使わせるなど、その子ができる方法で入浴させます。節水などの観点からシャワーは使わないというルールの家庭や、逆に湯船に湯を張らないという家庭もありますが、子どもの状態を考慮することが必要になるでしょう。浴室の中が暑くていやだという場合は、入浴の順番を一番にするという方法もあります。

洗髪はしなくてもいいことにはできないので、苦手な事柄にかける時間を短くすることで、ハードルを下げます。たとえば、リンスインシャンプーのように一度で洗えて泡切れがいいものを使用し、洗髪の時間を短くする、高速で乾燥できる機能のドライヤーを使うことで、ぬれた状態を短くするなどです。

こうした子どもたちの苦手さを、わがままと決めつけ我慢させようとする傾向がありますが、感覚的な苦手さは大人の場合は自分で対応することができますが、子どもの場合は、周囲が考慮してあげないと、大変つらいものになるでしょう。

優先順位が低くて生活習慣になっていないなら

感覚過敏が原因でない子の場合はどうでしょう。お風呂に入る、髪を洗うという事柄を、自分の生活の流れの中で、優先順位の後ろのほうに組み込んでいる、あるいは組み込むことすらしていない子の場合です。

この場合は、お風呂に入る時間、お風呂の入り方をもう一度確認し、生活の中に組み込むようにさせます。テレビが見たい、眠い、遅くなった、などの理由で入らないで寝てしまうことを避けるために、ごはんの前に入ってしまうという方法もあります。寝る前に入浴するという考えにこだわる必要はありません。

もし、子どもが、それはいやだ早すぎる、と不満を言うようなら「見たいテレビがある、眠くなって入りたくないという状態にならないために、いつがいいか、あなたの考えは？」と尋ねて考えさせます。
そして、決まったら、下校後の生活の流れを、紙に書いて貼っておきましょう。意識化と手順の確認において、何もしないよりずっと効果的です。

入浴手順をルーティン化

また、嫌いな入浴時間を短縮するために、手順をできるだけ単純にします。体にお湯をかける、顔を洗う、頭を洗う、体を洗う、湯船につかる、の順番で入浴すると、だいたい10〜15分程度です。それをルーティンにしてしまいます。「つかるだけでもいいから」と言いたいところですが、一度そうした約束にしてしまうと、自閉症スペクトラムの子どもは変更が難しくなります。

洗髪については、毎日の洗髪が子どもにとって負担なら、一日おきでもいいことにしましょう。この場合、洗髪の日がわかるようにカレンダーに丸をつけ、自分で見通しをもつことができるようにしておくなど、工夫するといいでしょう。

先生、相談です。

家庭生活編

小4　男子

自閉症スペクトラム

通常の学級に在籍

32 思ったことを何でも口にしてしまいます

アスペルガータイプの自閉症スペクトラムです。とにかくおしゃべりで、大人の会話にもよく口をはさんできます。思ったことを何でも口にするので、ときどき口をふさぎたくなります。家に帰って、ゆっくりと話をすると、なんとかわかるようですが、相手がいるところで叱るのも気が引けます。どうしたらいいでしょうか。

相手の立場で考えるのが苦手

よその小さな子どもが、おしゃまな口を利くのは、ほほえましく思ったり、おもしろがったりすることができますが、自分の子どものこととなるとそういうわけにはいきませんね。

自閉症スペクトラムの子どもは、相手の立場で考えたり、自分の言動が相手にどういう影響をおよぼすかなどの視点で考えたりすることが苦手です。「自分がそう言われたら、どんな気持ちになる？」などの言い方で相手の気持ちに気づかせようとすると、「僕は何とも思わない」などと言ったりして、埒《らち》が明かないことがあり

ます。

本人を取り巻く世界の価値観を教えていく

自閉症スペクトラムの子どもたちは、見たとおり、感じたとおり、本当のことを言ってどうして怒られるのだろうと理不尽に思っているでしょう。言葉が達者なアスペルガータイプの子どももわかっていません。

想像してみてください。まったく文化の異なる国に行って、「目が大きいですね」とほめたところ、相手に激怒されたら。そして、その国ではそれはとても失礼にあたることだとあとで知ったら。「目が大きくてかわいいと思ったからそのとおりに言ったのに」と、相当びっくりすると思いませんか。自閉症スペクトラムの子は、まさにこんな状況におかれていると思えばいいのではないでしょうか。だとしたら、本人を取り巻く世界の価値観を教えていく必要があります。

口をはさませたくないときは…

たとえば、このお子さんのように、大人同士が話をしていると、口をはさんでくる子がよくいます。当然、子どもに聞かせたくない話は、子どもの前ですることを避けるべきですが、口をはさませたくない話のときは、話をする前に「これから、○君のお母さんと少し話をするので、待っていてちょうだい」と予告し、もし口を

はさんできたら「これは、〇君のお母さんとのお話だから。待っていて」と制止することが大切です。

失礼な発言には適切な言い方を教える

また、もし相手に対して失礼なことを言ってしまったときは、その人の目の前であっても、タイミングよく、その場できちんと適切な言葉ではないことを伝えることが大事です。「そういう言い方は、とても感じが悪い」「そんなことを言うと、残念な気持ち」などの言い方で伝えるといいでしょう。「なんてことを言うの」「失礼なことを言うんじゃありません」などの言葉より、子どもは受け入れるように思います。

そして、その相手と別れてから、正しい言い方や適切な言い方を教えます。

本当でも言ってはいけないことを教える

それから、本当のことだとしても、言ってはいけないことがあることも教えます。たとえば、その人の顔や体のことをはじめ、その人自身ではどうしようもないことです。

著者は顔にたくさんのほくろがありますが「どうしてそんなにほくろがあるの?」とある子に聞かれたときに、「なぜだかわかりません。でも、とても気にしています。そのことは言わないでください」とはっきりと伝えたところ、「気にしているんだ」と言ったきり、その後一度も言わなくなりました。

発達障害の子どもたちは、相手が自分より下手なこと、自分より点数が低いことも平気で指摘することがあります。高学年になると、それまでの経験からそれが自慢しているととられて、ほかの子に批判されることもわかるようになってきます。それまでは、「あなたは、自慢したいの？　そうではないなら、○君を励ましなさい。何と言って励ます？」とアドバイスします（もちろん状況によっては、何も言わないほうがいいことも教えます）。

具体的なスキルが積み上がる教え方で

お気づきのように、「どうしてそんなことを言うの!?」「相手の気持ちを考えなさい」「言っていいことと悪いことがあることを、自分で考えなさい」などという叱責は、得策ではありません。叱責からは、だめだということはわかっても、ではどう言うか、具体的な言い方がわからないからです。つまりスキルが積み上がらないのです。どういう言い方が不適切で、どういう言い方が適切かを具体的に教えることが必要です。

状況によって言い方や方策が変わるので、そのたびごとに適切な言い方を教えていくことが大切です。

先生、相談です。

家庭生活編

小1　男子

自閉症スペクトラム＋ADHD

通常の学級に在籍

33 汚い言葉で悪態をついて困ります

やっていることを止められたり、注意されたり、変更させられたりすると、相手が誰であろうと、「むかつく」「うるせ」「何すんだ、ばかやろ」「死ね」など、知る限りの悪態をつきます。家ではこういう言葉を使う人はいません。注意するとよけいに言うので、こちらも腹が立ち、お互いに大声を出して収拾がつかなくなります。

毒のある言葉はトラブルのもと

こうした毒のある言葉は、間違いなくトラブルのもとになります。低学年の教室では、「ちくちく言葉」や「戦争言葉」のような表現で、使わないようにすることを指導している先生も多いものです。

大人でも、こうした言葉を子どもから言われるのは、気分のいいものではありません。大人だからこそ、こんな生意気なことを言われることは一層腹が立つかもしれません。そして、まだ1年生なのに、こんなに反抗的で、言葉が悪くてこのあとどうなるのだろうと、心配にもなりますね。

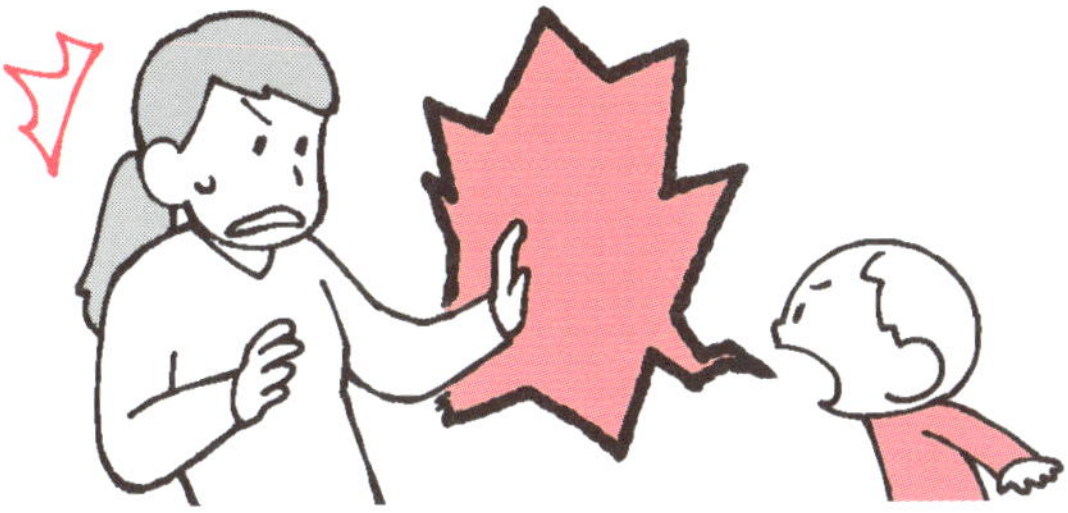

意味は考えず口癖になっている？

お子さんと同じように、制止されたり行動を促されたりすると「やめろ！　むかつく」と繰り返し言い続ける子どもがいました。

当の本人に「『むかつく』ってどういう意味？」のように、その言葉の意味を尋ねると、きょとんとしたり「知らない」と答えたり、「ゲームのときに言う言葉」などのように、ずれていたりします。わからずに使っているということがわかりました。あまり深く考えずに、衝動的にこうした言葉を言ってしまうのです。つい言ってしまう、口癖のように勝手に口から出てしまうという状態でした。「注意する先生にむかつくの？」と聞くと「違う」と言います。

反射的に言っているだけ？

この子どもも、家庭でそのような言葉を使う人はいませんでした。でも、子どもは周囲からいくらでも学んできます。使うことで、相手が黙る、一時的にいやなことをしないですむ、など効果があると、繰り返し使うようになります。そして繰り返すことで定着するのです。

また、子どもは自分への制止や禁止などの言葉を聞きたくなくて、打ち消すために汚い言葉を言うこともあります。注意されたら言う、というパターンができたということです。いずれの場合も意図せずに、マイナスの行動が強化されてしまった

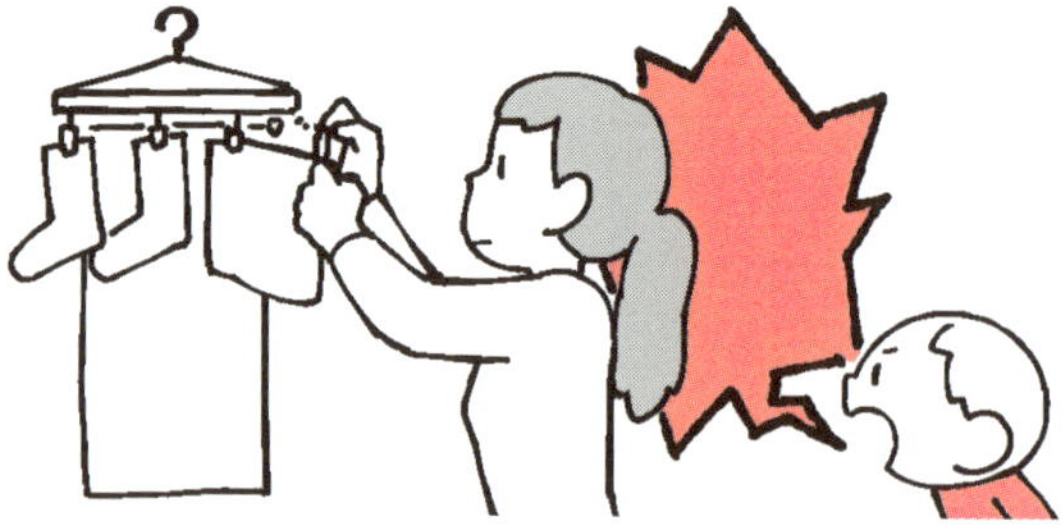

ということです。

ひとまず言葉を無視して行動を正す

私たち指導者も、はじめは、注意に対して汚い言葉を使った子どもに「そんな言い方をしていいの?」のように、言い方を修正しようとしましたが、なかなか改まらないばかりでなく、何をさせたかったのか、指導のポイントがずれてしまうことに気づきました。いちばんの問題は、自分のやり方にこだわり、切り替えができないこと、禁止や制止、修正ができないことです。

そこで、私たちは、つい言ってしまうこうした言葉を、特に意味のない言葉と考え、「音」ととらえるようにしました。そうすることにしてから、あまり腹が立たなくなりました。言葉自体には取り合わず、指示に従えないことの指導を優先させたのです。従えたときに、「それでいいね。うまくいったよ」と評価しました。

ほめられて落ち着いてから言葉の指導を

汚い言葉に対しては、その言葉を使っている最中に注意してもなかなか耳に入りません。指示に従ったあと、ほめられて落ち着いたときに、「『うるさい』と言う代わりに、『わかった』と言うほうがうまくいくよ」と押さえます。別の言葉に置き換える作業を繰り返し行うのです。

この指導が進むと、制止に対して汚い言葉を使ったときに「こういうときはなんと言うんだっけ?」と確認することができるようになり、さらに一歩進みます。

家庭でも、あまり取り合わないようにしてもらったところ、その言葉が減りました。制止に従うことが少しずつできるようになって、注意されることが減ったので、汚い言葉を使用する機会が少なくなったと考えられます。

何かを伝えたい、なんとかしてほしい、サインかも

高学年になると、保護者に対して反抗的な態度をとって、汚い言葉を言う子もいます。気持ちや思いがうまく伝えられなかったり、自分の中ですとんと落ちる問題解決の方策を得られず、イライラして、文句を言ったり批判したりするのです。そういう子どもに、「そんな汚い言葉は使わないで」「どうしてそんなことを言うの!?」と注意してもうまくいかないものです。

この場合、一番に解決したいのは、子どもが言いたいことや困っていることを理解することでしょう。「お母さんにわかるように、もう一回言って」と聞いてみます。「もういい!」と怒ったら、「わかった。落ち着いたら、声をかけて。話を聞くから」と伝えて、時間をおくといいでしょう。

先生、相談です。

家庭生活編

小2 男子

自閉症スペクトラム

通常の学級に在籍

34 試合に負けると大泣きします

少年野球チームに入っています。練習試合で、自分が打席に入ったときに、打てないと大泣きします。コーチには、泣いたら試合に出さないぞと言われていますが、毎回泣きます。打って塁に出ても、刺されると、やっぱり泣きます。どうしたらいいですか。

「勝つ」以外のシナリオがない

どんなゲームでも、負けることが大の苦手な子は非常に多いものです。自閉症スペクトラムの子の場合は、ただの負けず嫌いというのではなく、想像力の困難があり、いろいろな場面を想定することが難しいのです。

自分が想定するシナリオは一つ、「勝つ」というシナリオです。だから負けると、予定外のことが起こったことになり、受け入れることができないのです。

「負けることもある」シナリオをもたせる

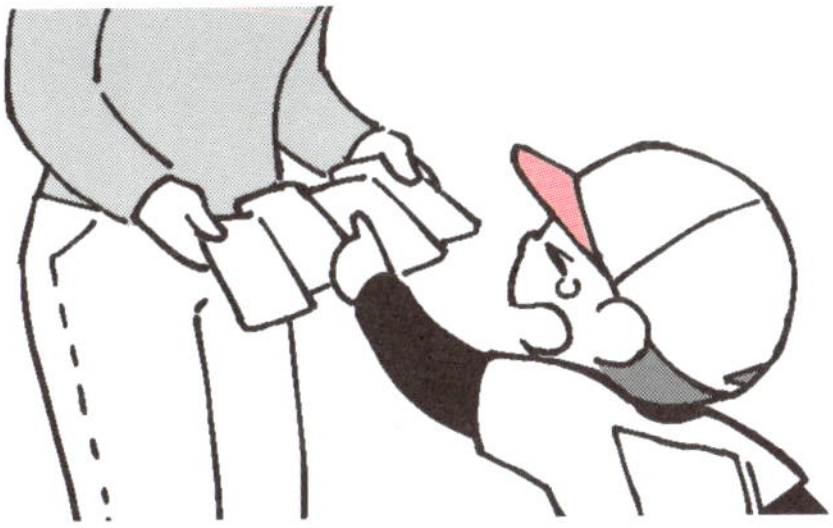

そこで、試合の前に、負けることもあるというシナリオをもたせてあげます。「どんなにがんばっても、負けることがあるよ」さらに、「そのときは、どうする？泣いちゃう？　あばれちゃう？」と、その場合のふるまい方のシミュレーションも行っておきます。

ここまでは、たいていうまくいきます。試合前なので、冷静でいられるし、言われたことも受け入れることができます。しかし、実際に試合をして負けると、そう簡単には気持ちを切り替えることはできません。

気持ちのカードを選ばせる

そこで、もう一つ、試合の前に工夫をします。負けても勝っても、打席や塁から戻ったら、自分の気持ちに近い「気持ちのカード」を選ぶことを伝えます。

どんなカードかというと、「くやしい」「もういやだ」「つかれた」などのマイナスの気持ちと、「たのしい」「うれしい」「つぎがんばる」「よくがんばった」などのプラスの気持ちのカードです。お子さんが言いそうな気持ちのカードを用意しておくといいでしょう。

気持ちの切り替えになる

結果に興奮したりイライラしたりして、もやもやっとしているときに、カードを

選ぶことで自分の気持ちを言語化することになります。

また、カードを選ぶという野球のプレーと関係のない行動をとることで、行動の切り替えをしたことになります。

この、気持ちを言語化すること、それまでと異なる行動をすることによって、気持ちも切り替えられるのです。カードを置く場所がないなら、言葉を紙に書いて一覧表にしておくという方法もあるかもしれません。

言葉を選ぶことができると勝敗の受け入れも

まずは、子どもがカード（あるいは言葉）を選ぶことができるように補助してあげましょう。うまく選ぶことができたら、そのことを大いにほめてあげてください。そのことがクリアできると、試合の勝敗はずいぶん受け入れられるようになるでしょう。「失敗は成功の元」など難しい言葉を使うと、よけいに受け入れられるようです。

コラム

あわてない、あわてない

体操教室に行っているC君は、なかなか跳び箱が跳べません。失敗するたびに泣いて母親のところに来るので、カードを使用することにしました。でも、残念ながらカードの効果は芳しくなかったようです……。

よく話を聞くと、泣いて戻ってきた子に「これでしょ？」と『つぎがんばる』のカードを渡したところ、「こんなもの！」と投げつけられたとのこと。

なるほど、気持ちの押しつけでは、怒るのも無理はありません。あくまでも、自分で選ぶことが大事ですね。

先生、相談です。

家庭生活編

小3 男子

ADHD

通常の学級に在籍

35 兄弟げんかが激しくて、母親では止められません

兄は5年生ですが、兄弟げんかがとても激しくて困っています。原因は、3年生の弟が兄のもの、たとえばゲーム機などを触って、怒られるというパターンです。また、兄が何か注意すると、「うるさい!!」と激しく怒り、物を投げたりキックしたりするので、兄も黙ってはいません。乱闘になり、母親では止められません。

自分でストップをかけるのが難しい

ADHDの子の兄弟げんかはとても激しいことが多いようです。あとから考えればやってはいけないこととわかりますが、そのときはなかなか自分でストップをかけることができません。また、自分が悪いとわかっていても、頭ごなしに叱られるとかっとなりますね。特に兄弟に言われると反発し、激しいけんかになってしまうことが多いようです。

自分の言動の結果を予測したり、見通しをもったりすることが苦手なので、残念な結果になりがちです。

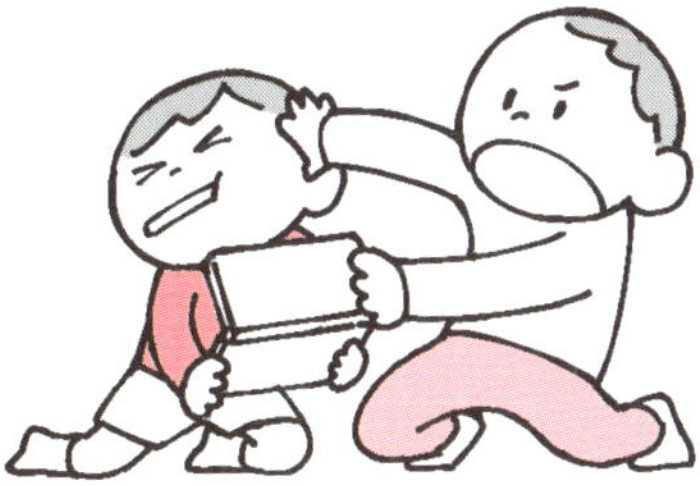

本人たちの気持ちを聞いてみることから

どうしてお兄さんに言われるとイライラするのでしょうね。聞いてみましょう。「威張った言い方がいやだ」「ちょっと触っただけなのに、すぐに注意する」「ゲームをやっているところを見せて、と言っても見せてくれない」など、本人なりの言い分があるように思います。大人からすれば身勝手な言い分のように思えますが、子どもにとっては、非常に大きな不満だったりすることがあります。

次にお兄さんの言い分も聞いてみましょう。「注意しただけで、すぐ蹴ってくる」「貸すと、乱暴に使うからいやだ」「使ったあと片づけない」などの言い分があると思います。ゲーム機の扱いだけを考えても、確かに、ADHDの子は、使い方の注意事項をよく守らなかったり、力のコントロールができなかったりするので、機械の持ち主のお兄さんとしては、触ってほしくないと思うことは理解できます。

折り合いの方法をさぐる

両者の言い分を聞いて、折り合えるところを考えてみましょう。

本人は、お兄さんの注意の仕方について不満を持っています。どういう言い方なら受け入れることができるのかを確認し、その言い方で言われたときは、お兄さんの言うことを聞くこと、もしその内容に不満があるときはお母さんに言うこと、など確認します。

また、お兄さんのほうも、ちゃんとした言い方をしたのに、言うことを聞いてくれなかったときは、お母さんに伝えること、これを基本ルールにします。

ジャッジと助言が大事

この基本ルールで配慮が必要なのは、「お母さんに言う。伝える」という点です。困った状況をお母さんに伝えることが、「告げ口」になりかねないことです。

お母さんに言った者勝ちとならないよう、きちんとジャッジし、助言をする必要があります。「言い方が適切だったか」「適切な内容だったか」「言われたことをちゃんと理解できたか」などの点を、クールに確認して、お母さんの考えを伝えます。

兄弟のどちらが訴えても頭ごなしに叱らず、双方の言い分を聞くことが、公平感と、家の中で大事にしてもらっているという安心感につながります。

どうしても使いたいものは使い方のルールを決める

もう一つ、大きな問題がありました。本人は、お兄さんのゲーム機をどうしても使いたがっています。「触らない」と禁止ができないのなら、使い方のルールを決めて条件つきで使えるようにするなど、折り合いをつける方法を模索しましょう。

ルールが決まらず折り合いがつけられないのなら、「けんかの原因になるゲーム機を親として与えるわけにはいかないので、よく相談をして決めなさい。それまでは預かっておきます」といった手段も必要かもしれません。

けんかのあとの振り返りを重ねていく

こうした方法をとっても、大げんかに発展してしまうことがあるでしょう。本気でけんかしているときは、お母さんの声はまったく聞こえていないばかりか、大きな声は、かえって子どもたちを興奮させます。話は二人が落ち着いてからにします。何が原因だったのかだけでなく、どうすればよかったのか、今度同じようなことがあったときにうまくいくためには、どう努力するのかなど、考えさせるといいでしょう。二人一緒に振り返ることが難しい場合は、一人ずつ話をします。

激しいけんかをしているのを見るのは、親としてつらく、なんとしても止めたいところですが、同じように激しいけんかをする兄弟（どちらも発達障害があります）のお母さんが、こんなことを言っていました。

「止めても止まらないときは、放っておきます。死なれては困るけれど、そんなことにはならないでしょう。疲れるとやめます」「落ち着いたら、『何が原因だったの？』『こんなにけんかしても解決しないよね。どうすればよかったの？』とそれぞれに話をします」。

重要なのは、けんかをしないようにすることではなく、けんかをしてしまったあとに、どうふるまうといいのかを考えさせることです。

先生、相談です。

家庭生活編

小2 男子

ADHD

通常の学級に在籍

36 小さい妹の世話が危なっかしい…

3人きょうだいです。下に4歳と1歳の妹がいます。1歳の子の世話を焼いてくれますが、抱っこしたりおんぶしたり、見ていてハラハラします。以前、抱っこして、二人で一緒に転んでけがをしました。「危ないから、やめて」と言っても、「大丈夫」と言いながら妹をおもちゃのように扱います。どうしたらいいでしょう。

条件つき、代替え案、どちらかで

お兄ちゃんとして、妹の世話を焼きたい気持ちは理解できますね。不注意があって落ち着きのないお兄ちゃんに、妹を抱かせたりおんぶさせたりするのは、ハラハラドキドキだというお母さんの気持ちも、わかります。さて、どうしましょう。

危ないからといって、すべてを禁止したのでは、不満ばかりが残るでしょう。条件つきでやらせるか、代替え案を出してやらせるかのどちらかがいいと思います。

条件（ルール）をわかりやすく示す

条件つきというのは、妹を抱っこするのは家の中だけにすること、おんぶは家の人が見ているときだけで必ず歩くこと、などのようにルールを決めることです。このルールは、必ず、本人が落ち着いて座っているときに話します。

「お兄ちゃんとして、妹の面倒を見てくれてありがとう。3つお願いがあるのだけれど、よく聞いて。二人で転んだり、ひっくり返ったりしても大きなけがにならないように、抱っこもおんぶも、家の中だけ。抱っこもおんぶもはじめがいちばん危ないからお母さんが見ているときだけにしよう。そして、抱っこしたときもおんぶしたときも必ず歩くようにして。それから、おしまいと言ったらやめる。いいかな？　もう一度言うよ。①おんぶと抱っこは家の中だけ。②歩く。③おしまいと言ったら降ろす」。こういう内容でどうでしょう。

ポイントは、妹の面倒を見たいという本人の気持ちをくむこと、明快なルールにすること、ルールの数がわかるようにナンバリングすること、この3つです。

忘れているときは思い出させる

こう約束してもきっと、このルールを忘れてしまうこともあると思うので、そのときはすぐに止めて「抱っこしていいのはどこ？　外でいいの？」「抱っこするときは？　歩くのだよね」と、ルールを確認し、きっちりと守るようにさせます。

「あああ、抱っこしたかったのに」と不満を言うかもしれませんが、「かわいいか

ら抱っこしたいのだよね。でも、ここで二人が転んだら、○ちゃん（妹）は血だらけだよ。救急車を呼ぶようになると困るから」と、少し大げさなくらいに言って聞かせましょう。さらに、「僕は前転んだけど大丈夫だった」などと言うかもしれません。「それはよかった。○ちゃんはお兄ちゃんのようには強くないからね」と言えば、さすがに、それ以上は言わないでしょう。

代替え案を使う

ここで使うのが、代替え案です。抱っこしたりおんぶしたりはできないけれど、「そっちの手をつないで歩いて。ゆっくり歩いて」のように、ほかの行動の提案をするのです。

抱っこやおんぶではない、お世話の方法を提案することも代替え案の一つです。たとえば、「おむつを取り替えているときにあやす」（顔が近い、激しいなど、少し手荒でも大目に見てください。「肘までの長さ分、顔を離してみようか」「耳が痛くなるから、声のボリュームを2メモリ下げてみようか」など促すことは必要かもしれません）。「お母さんがその場をちょっとだけ離れるときに、座って膝の上にのせる」などです。

できる気持ち、自尊心を大事に

禁止されるとよけいにやりたくなるものです。できるし、大丈夫なのにやらせてもらえないと思っていることについては、できるところを見せようとします。頭ごなしに「危ないからやめさせない！」「けがをしたらどうする?!」と言っても、できると思っている子には、理不尽な言いがかりのようにしか思えないでしょう。

できるのはわかっているのでルールを決めてやろう、こっちの方法でやってくれたらお母さんはもっとうれしい、という提案は子どもの自尊心をくすぐるでしょう。

妹の小ささ、弱さに気づけるよう…

本人に平気なことでも、小さい子はものすごくびっくりしたり怖がったりすることがあること、本人に我慢できても、小さい体には影響が大きく、傷つけたり壊れたりすることがあることなどを、そのつど話していく必要もあるでしょう。

「あなたが食べるごはんの量が10だとすると、○ちゃんは3くらいだね」

「あなたは、転ぶときに、ちゃんと手をつくことができるけれど、○ちゃんは、まだ手が出ないね。顔をぶつけてしまう」

「あなたは10の速さで走れるけれど、○ちゃんは1の速さで歩くのが精一杯」

のように、どの子もみんな、今より力の弱い状態から、少しずつ力をつけたり丈夫になったりして成長していくことに気づかせたいものです。そして、自分との違いに気づいたら、大いにほめてあげましょう。

先生、相談です。

家庭生活編

小2 男子

ADHD

通常の学級に在籍

37 「我慢するのはいつも、わたし！」と、姉が不満をもらします

小2の息子は自己中心的で、外出しても飽きると「もう帰ろう」と騒ぎます。叱られると大騒ぎするので、小6の姉は、まだやりたいことがあって帰りたくなくても、あきらめることが多いのです。弟を甘やかしているつもりはありませんが、「我慢するのはいつも、わたし！」と、姉が不満をもらします。

間違った学習をしている？

きょうだいに障害がある場合は、大なり小なり、ほかの子どもは我慢することが多くなります。親にそのつもりがなくても、弟に手が取られているあいだは姉に手をかけることはできません。かまってもらいたいと思っても、親が弟の世話をしていれば「ちょっと、待って」と言われることも多いでしょう。でも、それは仕方のないことです。均等に時間を使うことはできないのですから。

弟が大騒ぎすると、姉はやりたいことも我慢してきたとあります。弟のようすをみて、お姉ちゃんは姉として期待されるふるまいをしてきたのでしょう。一方の弟

は、騒げば問題が解決すると、間違った学習をしているようです。

かんしゃくを起こす弟への対応を毅然と

まずは、かんしゃくを起こす弟には毅然《きぜん》とした態度で対応しましょう。外出先の場合は、静かなところに連れていき、落ち着くまで待ちます。叱ったりなだめたりしないことは、かんしゃくやパニックを起こしている子への対応の基本です。落ち着いたら、今後の行動の予定を伝えます。どうしても予定終了まで待てないときは、「お姉ちゃんの予定が終わるまでお父さんと別行動をする」など、折り合いをつけさせます。

何より、外出の目的が一人ひとりにあって、お姉ちゃんも楽しみにしていたことをきちんと伝えることが大切です。

姉も大切だと伝えたい

さらに重要なのは、お姉ちゃんも親にとってとても大切な存在であることを折にふれ伝えることです。

たとえばお母さんが、お姉ちゃんと二人だけになる時間をときどきつくって、話をしたりおいしいものを食べたりしましょう。お姉ちゃんにとっての小さな特別な時間です。日頃、弟のために我慢をすることがあっても、お母さんが自分の困って

いることをわかってくれていること、弟に時間はとられるけれど、自分にもちゃんと目を向けていてくれていることを知ることは、ずいぶんとうれしいものです。こうした幸せな気分が弟に対する寛容と理解へとつながっていくでしょう。

きょうだいそれぞれの人生がある

そして、いろいろな考えがあるとは思いますが、お姉ちゃんにぜひ伝えてもらいたいことがあります。「弟を理解していろいろなことを優しく教えてほしいとは思うけれど、自分が弟の面倒をみなければいけないと決めつける必要はない」ということです。

弟には弟の、姉には姉の人生があります。お姉ちゃんは誰かの面倒をみるために生まれてきたわけではありません

姉の不満がわかりやすい形で出てきたことは、よかったといえます。きょうだい児のなかには、いい兄・姉（弟・妹の場合も）になるための役割をきちんと遂行して、我慢し続けている子もいます。いい子でいることは大変で、無理も出てきます。どの子も自分の気持ちを正直に言えることは大事です。言うことで、周囲も気づいてあげることができるのです。

家族以外の人に助けてもらう将来を見越しておく

もちろん、将来、きょうだい仲よく助け合って生活してくれることは親の願いでしょう。でも、それ以上に、弟が自分のできることを自分でやり、家族以外の人の中で苦手なところを助けてもらいながら生活していくことは、親が亡くなったあと、特に必要なことになります。

先生、相談です。

家庭生活編

小５ 男子

自閉症スペクトラム

通常の学級に在籍

38 子育てをめぐって夫と衝突します

自閉症スペクトラムの子どもの育て方をめぐって、いつも夫と衝突します。「おまえが甘やかすからわがままを言う。もっと厳しく」と言います。子どもには「ちゃんと話しなさい」「きちんと立て」とどなり、できるまで繰り返しさせます。子どもは何を要求されているのかわからず、父親の前ではいつも緊張しています。

子どもの特性への気づきの差が

自閉症スペクトラムという診断名がついているということは、すでに医療機関に相談し、診断を受けたということでしょうか。発達障害は子育て上の問題ではなく、脳の機能障害であることは、多くの人に周知されるようになりました。でも、お父さんは、発達障害の子どもの特性や接し方がわからないのでしょうね。

著者が出会ってきた保護者の多くは、父親のほうが、子どもの困難を正しく理解することにおいて、母親より何年か遅れるようです。それもそのはずです。子どもと接する時間が長いのは通常母親のほうであり、健診や受診、通院もやはり母親の

役割になっていることが多いものです。ほかの家庭の子どもと比べる機会もまた多く、子どもの特性に気づき、専門機関に相談をし、子どもへの接し方についての知識を先に得ることになるようです。

父親なりの理想・志向もあるようだ

だからといって、父親が子どものことに無関心なわけではないようですね。父親なりに、子どものことを心配し、何とか現状を改善したいという気持ちがあります。

でも、父親の多くは、わが子の状態を理解するのに、自分の小さい頃のことと比較するという方法になってしまうようです。特に子どもが男の子の場合は、「僕も小さいときはこんなふうだったから、心配ない」「男は少しやんちゃするぐらいがちょうどいい」、さらに「男には、男のやり方で、少々厳しくしつけたほうがいい」などと考える人も多いものです。

こういう父親の場合、発達障害の子どもへの接し方をいくら母親が説明しても、その方法はなまぬるく、厳しさが足りないもののように感じてしまうようです。

専門家の話を一緒に聞いてもらおう

もし、子どもの状態を一生懸命説明してもなかなか理解してくれず、けんかになってしまうなら、それはそのようすを見ている子どもにとっても、いい影響はなく、

得策ではありません。
ではどうするかというと、病院や教育相談など専門の人の話を、父親にも一緒に聞いてもらうのです。伝え方の例を挙げてみます。
「私も、子どもをどう理解し、どう育てたらいいのか迷っている。でも、いちばん困っているのは子ども自身のはず。子どもは、ものごとの見え方や感じ方、理解の仕方がほかの子とは少し違うので、ただ、叱っただけでは、うまく伝わらないようだ。『わかったか!』と言われれば、『わかった』と答えるだけになってしまう。もっと、うまい方法があるはずなので、専門の先生の話を聞いて、もっとよく子どものことを理解してあげたい。だから、一緒に先生のところに行って、話を聞いてほしい」。
このように話しても、「僕は僕のやり方でやる。自分の子どものことは自分がよくわかっている」「忙しいので、行く時間がない」「お母さんに任せる」などのような返事のときは、子育ては、足並みそろえて行うものであること、専門の先生の意見を聞くことの利点などを、根気よく伝えます。

医師などにも状況を伝えておく

さらに、医師や担当の先生には、子どもについての父親の理解の仕方や接し方、母親として心配に思うことなどを前もって伝えておいて、同行したときに話をしてもらえるよう、お願いしておくといいでしょう。いざ一緒に行くことが決まったら、予約の際に、その旨を伝えます。

どちらかというと、男性は理屈で理解することが多いので、理論的に教えてもらうと、子どもの状態がすとんと理解できるようです。子どもへの接し方も、どういうふうにするといいのか具体的に伝えてもらいましょう。

以後も両親そろっての面談を

一度の面談で、すぐに対応を切り替えることは難しいものです。それでも、こう言われたな、と思い出すことはできます。そのことが重要なのです。「先生に、こうしなさいと言われたよね」「こういうときは、子どもはこう思っていると、先生が言っていたね」など、お互いの基準をつくっていきます。

両親そろっての面談は、一度で終わりにしないで、一定の間隔で行ってもらいます。同じことを何度もアドバイスを受けているうちに、実際の場面と一致させることができるようになり、こういうことだったのかと合点がいくときが、必ず来ます。

先生、相談です。

家庭生活編

小5 女子

自閉症スペクトラム

通常の学級に在籍

39 本人への告知については、どう考えたらいいでしょう

家にあった自閉症スペクトラム（アスペルガータイプ）の本を自分で読んだらしく「私は障害者なの？」と聞いてきました。これをいい機会と考え告知したほうがいいのか、告知すべきでないのか、一瞬迷い、「そんなことはないよ」とごまかしてしまいました。こだわりと思い込みが強い子です。どうしたらいいでしょうか。

まわりとの違いに気づき始める頃

5年生くらいになると、まわりの人のように、いろいろなことが自分はうまくいかないことに気づき始めます。「障害」とか「病気」などの言葉にも敏感になる時期です。今は、本がなくても、インターネットで発達障害のチェックリストを見つけて自分を評価する子もいます。

告知は何を伝えるか整理し、子どもの状況と環境を見定めて

障害の告知については、いろいろな考え方があると思いますが、私は、何を伝え

たいのか整理すること、そして伝えたいことを子どもはどの程度理解することができるのか見極めることが大切だと考えます。正直に障害のことを伝えたいと思っても、そのことをそのまま受け入れる器が子どもになければ、間違った理解に子ども自身が苦しむことになります。

加えて、自分の障害のことを理解した子どもを支える環境がなければ、やっぱり子どもがつらい思いをします。

障害名より特性を知ること

告知を「障害名」を伝えることと考えている人もいますが、私は、本人とまわりが障害の特性を知ることのほうが大切だと考えます。「私は、自閉症スペクトラムである」というのではなく、「私は、人の立場に立って考えるのが苦手である」というふうに。そして、十分に障害のことが理解できる年齢になり、自分には支えてくれる人がいるとわかっていれば、「そうか、私は自閉症スペクトラムのアスペルガータイプだったんだ」と受け入れられるのではないかと思います。

障害名だけが一人歩きすると…

以前、とても知的に高い子に、保護者が「アスペルガー症候群である」と伝えて1冊の本を渡したところ、その本を自分のバイブルのように抱えて持ち歩き、「僕

は、アスペルガー症候群だから、人の気持ちを考えることができません」と言い切っていた子がいました。できないことを、障害のせいにしてしまったのです。「障害があってもなくても、人の気持ちを考えることができるように勉強する必要があります」「アスペルガー症候群の人はいろいろ学ぶ力があるので、知識を身につけて人の気持ちを想像できるようにしていくのです」と、繰り返し伝える必要がありました。

特性の理解につながった例も

その一方で、障害の告知が自分の特性を理解することにつながったケースももちろんあります。クラスメートといろいろトラブルがあり、そのたびに保護者や通級指導学級の担任と相談しながら問題を解決してきました。どうしてうまくいかないのかと、その子自身が困っている気持ちも明確だったので、障害告知により、自分は人と違う特性があるということをスムーズに理解することができました。

なぜ障害があると思ったかを尋ねてみる

さて、お子さんには、どうして自分が障害者と思ったのか、尋ねてみましょう。本を読んであてはまると思ったのであれば、どういう点がそう思ったのか確認しながら、「確かにそういうところがある」「それはあてはまらない」など、親としての見立てを伝えます。そのうえで、「障害なのかどうか、判断するのはお医者さん。お母さんはわからない」ときっぱり言いましょう。そして「でも、自分の苦手なところと得意なところがわかるのは、すごいし、大切なことだよ」とほめましょう。

もっとはっきり知りたいようなら…

お子さんとのやりとりをとおして、「はっきり自分のことを知りたい」と思っていることがわかったら、「どうしてもはっきり知りたいときは、お医者さんに相談してみましょう」とアドバイスしたらどうでしょう。

「もし、『自閉症スペクトラムという障害がある』とお医者さんに言われても、それは、本に書いてあったように、得意なことと苦手なことがほかの人よりはっきりしているということなので、がっかりする必要はない。苦手なところは、相談しながらうまくいく方法を一緒に考えていくから大丈夫」「もし、障害があるということで、馬鹿にしたりからかったりする子がいたら、先生やお母さんに言いなさい」と前もって、フォローします。

自分のことを知ることは不安で、動揺も大きいものです。でも嘘をつかれたりごまかされたりすることは、かえって不安が増すでしょう。子どもが自分の状況を受け入れられるように、「いつでも、相談にのるし、一緒に考えていく」ということを伝えてください。

おわりに

1984（昭和59）年から東京都の特別支援教育に携わるようになって、大きな変革の波が一つ、そしてこれからまた一つ起ころうとしています。まず第一に、2007（平成19）年に特殊教育から特別支援教育へ転換したこと。第二に、2018（平成30）年から情緒障害等通級指導学級そのものがなくなり特別支援教室における巡回指導へと完全に転換していくこと、です。

特に二番目の出来事は、私のこれまでの指導のあり方や保護者とのかかわり方に直接影響するものです。

通級は保護者の送迎が原則のため、保護者の負担は大きかったものの、毎回顔を合わせ、立ち話をし、必要なときは子どもをほかの先生にお願いして、急遽《きゅうきょ》面談を実施したりしてきました。今後は、どの子も、自分の学校で指導を受けることができますが、教師が保護者と顔を合わせる機会は、これまでより減ってしまうでしょう。意識して積極的に時間をとる必要があるでしょう。

保護者が前向きになることは、そのまま子どもたちにいい影響を与えます。なのに、保護者が「助けて」と手を伸ばしたときに、すぐに手をつかんでくれる人は意外に少ないものです。しかも一緒に方策を考え、一緒にその方策をやってみる人は限られているでしょう。教育者こそが、保護者の肩の荷を軽くする手助けができる者の一人だろうと思うのです。

そういう先生や支援者が一人でも増えることを願ってやみません。

今回このような本を執筆する機会を与えてくださった、本の種出版の小林恵子さんには、心から感謝いたします。

著者紹介

伊藤久美（いとう　くみ）

東京都町田市立南成瀬小学校主幹教諭。東北大学教育学部を卒業後、宮城県内で通常の学級の担任として勤務ののち、1984年から東京都新宿区および町田市の小学校において、情緒障害、知的障害、言語障害等、障害児のための特殊学級・特別支援学級の担任を歴任。地域の小学校における特別支援教育のリーダー的存在である。
おもな編著書に『特別支援教育ソーシャルスキル実践集―支援の具体策93』（共編、明治図書出版、2009年）、編書に『学校生活・日常生活適応のための指導』（ミネルヴァ書房、2011年）、『新しい発達と障害を考える本①　もっと知りたい！　自閉症のおともだち』（②アスペルガー症候群、④ADHDも、ミネルヴァ書房、2013年）、『新しい発達と障害を考える本⑤　なにがちがうの？自閉症の子の見え方・感じ方』（2014年、ミネルヴァ書房）、『特別支援教育がわかる本①　特別支援学級・通級でできる　発達障害のある子の学校生活支援』（2014年、ミネルヴァ書房）などがある。

イラスト

伊藤咲生（いとう　さき）

東京都生まれ。独学でイラストを学ぶ。人物や事物を親しみのもてる優しいタッチで描く。特に、子どもの動きや表情をていねいに描く。見る人がほのぼのとした気持ちになるようなイラストをめざしている。

発達障害の子の子育て相談③
学校と家庭で育てる生活スキル

2016年9月25日　初版第1刷発行

著　者　伊藤久美
発行人　小林豊治
発行所　本の種出版

〒140-0013　東京都品川区南大井3-26-5　3F
電話 03-5753-0195　FAX 03-5753-0190
URL http://www.honnotane.com/

本文デザイン　小林峰子
DTP　アトリエRIK
印刷　シナノ書籍印刷

ISBN 978-4-907582-08-1
Printed in Japan